« LAUDATOR TEMPORIS ACTI »

C'ÉTAIT MIEUX AVANT...

DU MÊME AUTEUR AUX ÉDITIONS TALLANDIER

Histoire de la Rome antique, 4e éd., 2002.
Les Dieux et les mots, Histoire de la pensée de l'Antiquité et du Moyen Âge, 3e éd., 2003. Couronné par l'Académie des sciences morales et politiques.
Les Divins Césars, Idéologie et pouvoir dans la Rome impériale, 2e éd., 2004
Le Petit livre des citations latines, 2004.

DU MÊME AUTEUR CHEZ D'AUTRES ÉDITEURS

Le Caractère de Pascal, Presses universitaires de France, 1962.
De la banalité. Durée personnelle. Durée collective, Vrin, 1966 ; 2e éd., 2005.
Introduction à la philosophie générale, SEDES-CDU, 1969. Épuisé.
Vladimir Jankélévitch, Seghers, 1969, coll. « Philosophes de tous les temps ». Épuisé.
Dictionnaire des grandes philosophies, sous la direction de Lucien Jerphagnon, Privat, 1973 ; 4e éd., 1989.
Histoire des grandes philosophies, sous la direction de Lucien Jerphagnon, Privat, 1980 ; 3e éd., 1987.
Vivre et philosopher sous les Césars, Privat, 1980. Couronné par l'Académie française. Épuisé.
Vivre et philosopher sous l'Empire chrétien, Privat, 1983. Épuisé.
Julien, dit l'Apostat, Éditions du Seuil, 1986.
Œuvres de saint Augustin, sous la direction de Lucien Jerphagnon, « Bibliothèque de la Pléiade », 3 vol., 1998-2002. Couronné par l'Académie française.
Saint Augustin. Le pédagogue de Dieu, 2e éd., Gallimard, 2003, coll. « Découvertes ».
Les Dieux ne sont jamais loin, 5e éd., Desclée de Brouwer, 2003.
Au bonheur des sages, Desclée de Brouwer, 2004.
Augustin et la sagesse, Desclée de Brouwer, 2006.
Du banal au merveilleux. Mélanges offerts à Lucien Jerphagnon. – *Les Cahiers de Fontenay,* 55-57, décembre 1989.

LUCIEN JERPHAGNON

« LAUDATOR TEMPORIS ACTI »

C'ÉTAIT MIEUX AVANT...

TALLANDIER

2, rue Rotrou – 75006 Paris

www.tallandier.com

SOMMAIRE

LAUDATOR TEMPORIS ACTI

À MAURICE DRUON

« Vous qui entrez ici, laissez toute espérance… »
Dante, *La divine comédie,* L'Enfer, chant III.

« … du moins pour le moment. »
Lucien Jerphagnon.

AVANT-PROPOS

Tout va mal, paraît-il. Voire de mal en pis, à en croire ce que j'entends dire ce matin. Hier déjà, et de même avant-hier, si j'ai bonne mémoire. D'aucuns m'assurent même que c'est bien pire que l'année dernière à pareille époque. Dès lors, que sera-ce l'an prochain !

Rien ne se serait donc arrangé depuis mon enfance. J'en étais sûr : quand ai-je jamais entendu dire que décidément, tout allait pour le mieux ? Dans le premier quart du siècle dernier, mon père déjà disait que tout se dégradait, et la mine de cet homme de science ne laissait pas présager un mieux dans l'immédiat. Pour ma grand'mère non plus, rien n'allait. Sur ce point, elle tombait d'accord avec toutes les vieilles dames de Faizant qui bavardaient avec elle des heures entières, chacune produisant quelque preuve nouvelle à l'appui. Quant à mon arrière grand-père, celui qui avait vu Napoléon III à Saint-Cloud lors de son service militaire, je l'entends encore assurer que depuis ce temps-là, rien n'allait plus. De fait, la guerre de 70 et celle de 14-18 l'avaient conforté dans ses certitudes. Et s'il avait pu savoir que son arrière-petit-fils, alors âgé de six ans, verrait, et de près, celle de 39-45, il se serait exclamé comme parfois : « Hein, qu'est-ce que je vous avais dit ? ».

Tôt vacciné, donc, contre l'optimisme chronique et ses accès aigus qui parfois vous prennent sans prévenir, j'étais moins que d'autres exposé aux déceptions, ces séquelles toujours pénibles, parfois même invalidantes. Au reste, des épreuves variées m'ont valu chaque fois piqûres de rappel. On n'apprend jamais trop tôt que les corbillards ne sont pas faits seulement pour les gens d'à-côté ; que n'avoir mal nulle part est une aubaine à savourer – quoi encore ? – que les tartines tombent normalement côté beurre, etc. ainsi avais-je acquis très jeune une certitude qui m'accompagnerait tout au long de mes jours : un pessimiste n'a jamais que de bonnes surprises.

Au fait, un pessimiste, ou un réaliste ? Telle est la question, et je serais bien en peine d'y répondre, car elle rejoint précisément celle de Hamlet : « Être ou ne pas être ». Être, en effet, c'est fatalement pâtir, même si ce n'est pas que cela. C'est vivre menacé à toute heure, par tout et de toutes les façons. C'est être exposé au mal, avec ou sans majuscule. Au mal que mythes et religions ont consolé d'images et les philosophes cerné de raisonnements, et qui n'en reste pas moins subi comme devant. Ce que je dis là n'a rien d'original, et pourtant, s'en aviser est chaque fois comme une surprise. « Tout le monde est le premier à mourir », dit le pauvre roi d'Ionesco, le roi qui se meurt. Et pareillement est-on le premier à souffrir. Je ne cacherai pas que cette évidence ne m'a jamais quitté depuis l'enfance, pas plus que la présence inexplicable du monde, comme je l'ai dit et redit ailleurs, et là non plus, je ne suis pas le seul.

Or, il se trouve que mon métier d'historien de la philosophie consistant à écouter penser les autres, c'est dans le labyrinthe des bibliothèques que j'aurai passé le plus clair de mon temps, à l'instar de Guillaume de Baskerville dans *Le Nom de la rose*. Umberto Eco a raison : les livres parlent entre eux, et toujours on tente d'en surprendre « le long et séculaire murmure ».

Or, allant de livre en livre depuis mes enfances, je m'avisais – presque toujours, d'ailleurs, en cherchant autre chose –, qu'innombrables étaient, au cours des temps, les considérations désabusées, au détour d'un développement, d'un paragraphe sur les choses et les gens, sur le temps qui passe, sur la vie, l'amour, la mort, etc. Et de tout cela il ressortait que nos parents eussent été mieux inspirés en s'abstenant de précipiter en pareil destin un défunt virtuel de plus, alors que déjà les cimetières sont surpeuplés. Que d'auteurs l'auront dit, à travers les âges ! Encore la mort apparaît-elle, dans cette perspective, comme la fin d'un long supplice. À moins, bien sûr – et là, nous retrouvons Hamlet – que les Enfers, dont nombre de poètes ont proposé des visites guidées, ne viennent éterniser cette malchance, et de surcroît l'aggraver de tourments inédits. Et tout cela, il faut le souligner, depuis Homère jusqu'à nos jours, ce qui fait, si je sais bien compter, quelque deux mille sept cents ans de pessimisme attesté. Ou de réalisme sans illusions, comme on voudra.

Beau sujet pour un intellectuel en manque, que cette immense *historia calamitatum*, pour dire cela comme le pauvre Abélard. Mais le courage m'a fait défaut, et à présent le temps me manque, pour entreprendre quelque monumentale histoire du pessimisme, ou pour me mettre à disserter à perte de vue du pessimisme à travers les âges. Il y aurait pourtant à dire, et de quoi tirer de tout cela Dieu sait quelles généralités, à la façon « des penseurs sachant penser », comme disait Vladimir Jankélévitch, mon maître en philosophie. On trouve toujours. Plus d'un s'y est risqué, mais pour quel résultat ?

Pourtant, il n'y a guère – six mois peut-être ? – l'envie me prit de stocker ce sur quoi je tombais, comme cela, en passant, et qui d'une manière ou d'une autre dénigrait ce monde en tout ou partie. Un caprice, si l'on veut. Et de même pour tout ce qui, à l'occasion, me revenait de ce que j'avais pu trouver au fil des ans, en fait de déclarations moroses touchant la nature des choses et la conduite des hommes et des dieux. Rien de tout cela n'était décidément réjouissant. Ces formules émanaient d'une bonne centaine d'autcurs – cent quarante en finale – de toutes les sortes, de tous les temps ; tout cela cueilli au petit bonheur, si l'on peut dire en pareil cas. Il y avait de tout, dans ces fragments glanés au passage. Plainte esseulée ou écho d'un grondement monté d'une foule ; soupir solitaire ou bouffée d'air du temps, cafard d'une soirée ou amertume chronique, ricanement désabusé ou sursaut indigné, constat ironique ou rageur, incapacité navrée de changer quoi que ce soit : rien de tout cela n'avait d'unité, si ce n'est de procéder d'une même expérience, et du besoin d'en laisser trace à tout hasard. « Passant, va dire à Sparte… ». Et puis, encore que dépourvu d'espérance, un pessimiste est toujours prosélyte.

Et voilà bien que les jours passant, et les semaines, le propos prenait forme, virant au projet : et si je rassemblais autour d'une douzaine de thèmes ces *disjecta membra,* les classant chaque fois par couches chronologiques ? Assortis, bien sûr, de références fiables qui permettraient au lecteur de les retrouver sans trop de peine ? Précieuse manie que je tiens de Jean Orcibal, mon inoubliable maître en histoire. C'était jouable, comme on dit aujourd'hui.

J'allais oublier un détail qui pourtant a son importance dans le milieu « intellectuel » : les amateurs éclairés auront tôt fait de voir que la présente collection ne doit rien aux dictionnaires et autres recueils de citations qu'on trouve dans toutes les librairies. En effet, dans ces catalogues, qui sont utiles à beaucoup, il n'est pas sûr qu'on fasse mention de Synésios de Cyrène, de Bion de Borysthène et de quelques autres encore, que j'ai cités ici parce que telle de leur formule tombait à pic à propos de tel sujet. On ne regarde jamais les choses d'assez près.

Mais revenons au projet comme tel, et au fait même qu'il ait fini par prendre forme. Drôle d'idée, me dira-t-on. Pourquoi diable ce florilège désenchanté ? Ce pot-pourri d'amertume ? J'entends d'ici les réponses que chacun sait si bien donner à ses propres questions. Masochiste, ce bonhomme, c'est sûr ! – Autant vous le dire tout de suite : c'est non. Les maux du quotidien lui suffisent largement. Alors, sadique, évidemment ! – Désolé, pas davantage. On pourrait même imaginer le contraire, et prendre le risque de me prêter bon cœur. En effet, les psychologues amateurs n'ont pas toujours assez vécu pour avoir connu certaines situations extrêmes. Pour savoir qu'il est des détresses collectivement endurées – les guerres offrent de ces occasions – et que la connivence, fût-elle d'un instant, entre camarades change la donne. À plusieurs, on souffre autant, mais on le supporte moins mal, et c'est toujours autant de pris. Ainsi, l'intérêt du présent recueil de désespérances pourrait être – je dis bien : pourrait être – que mon lecteur tombât, comme cela, sur celle dont il souffre à cette heure-là. Et se retrouvant avec Sophocle, Abélard, Charles Maurice de Talleyrand, Louis XVIII, de Gaulle, Malraux... ou Synésios de Cyrène pour déplorer que ceci ou cela aille si mal, peut-être se sentirait-il moins seul ? Je n'aurais pas perdu mon temps.

Mais laissons donc la question, sans grand intérêt, de mes motivations. Mieux vaut feuilleter le livre, et à propos d'une douzaine de sujets familiers – la politique, l'amour, la famille, la religion, que sais-je encore ? – voir ou revoir ce qui s'en est dit siècle après siècle depuis près de trois millénaires. Je ne vous en dis pas plus, du moins pour l'instant. À vous de juger.

I

PARLEZ-MOI D'AMOUR

D'aucuns paieraient, m'a-t-on dit, l'impôt sur la fortune, et en seraient fort marris. Il se peut. Mais qu'est-ce à côté de l'impôt sur l'amour ? J'entends : sur les vraies amours, les grandes, celles qui durent toute une vie, et dont la redevance se paie en angoisse pour l'autre, prélevée automatiquement sur le bonheur.

« Hélas, qu'apportent les amours, sinon de la souffrance ? »

Euripide, *Médée*, 310.

« Selon les philosophes épicuriens, le sage ne doit pas être amoureux. L'amour n'est pas une passion envoyée par les dieux. »

Épicure, *Lettre à Phytoclès*.

« De la source même des plaisirs surgit quelque chose d'amer qui jusque dans les fleurs prend l'amant à la gorge. Et encore, ces tourments-là, on les trouve dans un amour à qui tout réussit, mais que dire d'un amour malheureux et sans espoir ? »

Lucrèce, *De la Nature*, IV, 1133-1143.

« Un combat entre une jolie fille et un jeune philosophe débutant est un combat inégal. Cruche et pierre, comme on dit, ne vont pas ensemble. »

Épictète, *Entretiens*, III. 12. Les Stoïciens.

« Un homme amoureux devient esclave. Il se met aux ordres de ses amours, et sa satisfaction croît à la mesure de sa servitude. »

Libanios, *De l'esclavage*, 26.

« Celui qui ne tremble ou ne pâlit pas en amour manque de bon sens et de mémoire. Celui qui veut aimer doit éprouver de la crainte, ou alors il ne peut pas aimer. »

Chrétien de Troyes, *Cligès*.

« Celui qui aime avec ferveur vit dans le chagrin et le tourment quand il ne peut combler ses désirs. »

Marie de France, *Le Lai du chèvrefeuille*.

« Et maintenant, vous qui êtes voués à l'amour du monde, regardez-vous dans le miroir et reconnaissez combien éphémère et passager est l'amour terrestre ! Isolde la reine eut beau se consumer d'amour pour Tristan et le seigneur Tristan brûler d'amour pour elle, leur amour connut une piètre fin. »

Heinrich de Freiberg, *Tristan et Iseult*.

« Quand tu auras donné ton cœur, alors tu
passeras par de dures et pénibles épreuves…
Tu éprouveras toutes les souffrances de l'amour,
avant que tu en réchappes. »

Guillaume de Lorris, *Le Roman de la Rose.*

« Vois Pâris ; vois Tristan
– et les désignant du doigt, il me montra
plus de mille ombres que l'amour a fait
quitter notre vie. »

Dante, *La Divine comédie*, L'Enfer, VI.

« Incapable ou impuissant à se défaire de cet
amour, il ne pouvait se résoudre à mourir, et
vivre lui était insupportable. »

Boccace, *Décaméron*, Troisième journée, 6.

« Toute douleur d'amour est destrempée
De fiel amer, et de mortel venin. »

Maurice Scève, *Délié*, CCLXXIII.

« Les malheurs d'Hercule et les miens vinrent d'une passion qui cause tous les désastres les plus affreux, c'est l'amour. »

François de Fénelon,
Les Aventures de Télémaque.

« Qui voudra connaître à plein la vanité de l'homme n'a qu'à considérer les causes et les effets de l'amour. La cause en est *un je ne sais quoi* (Corneille) et les effets en sont effroyables. Ce *je ne sais quoi*, si peu de chose qu'on ne peut le reconnaître, remue toute la terre, les princes, les armes, le monde entier. Le nez de Cléopâtre, s'il eût été plus court, toute la face de la terre aurait changé. »

Blaise Pascal, *Pensées*, 162.

« Loin de la beauté qu'on adore
On ne voit point de jours heureux. »

Choderlos de Laclos, *Chanson.*

« Du mal qu'une amour ignorée
Nous fait souffrir,
J'en porte l'âme déchirée
Jusqu'à en mourir. »

Alfred de Musset,
Chanson de Fortunio.

« O triste, triste était mon âme
À cause, à cause d'une femme.
Je ne me suis pas consolé
Bien que mon cœur s'en soit allé… »

Paul Verlaine,
Romances sans paroles.

« Comme on dit en chirurgie : son amour n'était plus opérable. »

Marcel Proust, *Du côté de chez Swann,*
À la recherche du temps perdu.

« Je l'avais bien senti, bien des fois, l'amour en
réserve. Y en a énormément.
On ne peut pas dire le contraire. Seulement, c'est
malheureux qu'ils demeurent si vaches avec tant
d'amour en réserve, les gens.
Ça ne sort pas, voilà tout.
C'est pris en dedans, ça reste en dedans,
ça leur sert à rien. Ils en crèvent en dedans,
d'amour. »

Louis-Ferdinand Céline,
Voyage au bout de la nuit.

« C'est toute sa liberté qu'on abandonne à jamais quand on s'éprend d'un être ; le désir peut s'éteindre, la passion peut mourir tout à fait, mais il reste au fond du cœur quelque chose d'inaliénable que l'on peut donner mais non reprendre. Jusqu'à la mort on appartient à ceux qu'on a aimés. »

Julien Green, *Léviathan.*

« Où il y a amour, il n'y a plus de liberté. »

Henri de Montherlant,
La Mort qui fait le trottoir.

« Après les métaphores, la pharmacie. – C'est ainsi que s'effritent les grands sentiments. Commencer en poète et finir en gynécologue ! De toutes les conditions, la moins enviable est celle d'amant. »

Emil Michel Cioran,
Syllogismes de l'amertume.

II

LA VIE DE FAMILLE

La famille, ce lieu douillet où l'on naît, où l'on grandit, nourri, cajolé, soigné, aimé, bien sûr. Pour étoffer ce concept, ce ne sont point les images qui manquent : le cocon, le nid, la couveuse… C'est oublier un peu vite, qu'à procréer, on n'en reste pas moins des individus, avec chacun son moi bien à soi, et les petits de même, une fois devenus grands. Bien des chats, bien des chiens vous le diraient. Observez-les donc.

« Peu d'enfants sont pareils à leur père :
la plupart sont pires. »

Homère, *Odyssée*, II, v. 275.

« Maudits les liens de parenté, s'ils ne servaient qu'à nous détruire l'un l'autre ! »

Euripide, *Iphigénie à Aulis*, v. 509-510.

« Une marâtre arrive, hostile aux enfants qui sont nés avant sa venue, et sa douceur est celle de la vipère. »

Euripide, *Alceste*, v. 309-310.

« Oh ! S'il venait à crever, quel bel enterrement pour mon oncle paternel ! »

Perse, *Satire*, II, v. 9-10.

« Mais ce qui me paraît le plus monstrueux est que certains, sans avoir même l'excuse de la pauvreté, mais pourvus de biens, quelques uns riches, néanmoins osent ne pas nourrir les enfants nés en dernier lieu pour que leurs aînés aient plus d'abondance. C'est par un acte impie qu'ils procurent ainsi l'abondance à leurs enfants, puisqu'ils font périr leurs frères afin que les aînés aient plus grande part à l'héritage paternel, ignorant misérablement combien avoir beaucoup de frères l'emporte sur avoir de grandes richesses. »

Musonius, *Entretiens*, XV,
Télès et Musonius, *Prédications.*

« Aux obsèques de Britannicus, beaucoup se disaient que depuis toujours, la discorde avait régné entre frères, et que le pouvoir ne se partageait pas. »

Tacite, *Annales*, XIII. 17.

« Il est bien vrai qu'on fait de mauvaises affaires en famille. »

Chrétien de Troyes,
Lancelot ou le Chevalier de la Charrette.

« Le roi Bademagu était très subtil, avec un sens aigu de l'honneur et du bien, et dont le plus grand souci était de défendre et pratiquer partout la loyauté ; mais son fils, qui mettait tout son zèle à faire tout le contraire en toute circonstance, prenait plaisir à se montrer déloyal, et ne se fatiguait ni ne s'ennuyait jamais dans le mal, la trahison et le crime. »

Chrétien de Troyes, *id.*

« (La grande peste de 1348) avait pénétré d'une telle épouvante les cœurs des hommes et des femmes, que le frère abandonnait le frère, l'oncle le neveu, la sœur le frère et souvent l'épouse son mari. Chose plus forte et presque incroyable, les pères et les mères évitaient de rendre visite et service à leurs enfants, comme s'ils n'eussent pas été à eux. »

Boccace, *Décaméron*,
Première journée, Introduction.

« Qu'ay-je depuis mon enfance
Sinon toute injuste offence
Senty de mes plus prochains ? »

Joachim du Bellay,
La Complainte du désespéré.

« Je vieillis et ne puis regarder sans effroi
Ces neveux affamés dont l'importun visage
De mon bien à mes yeux fait déjà le partage.
Je crois déjà les voir, au moment annoncé
Qu'à la fin sans retour, leur cher oncle est passé,
Sur quelques pleurs forcés qu'ils auront soin
qu'on voie,
Se faire consoler du sujet de leur joie. »

Nicolas Boileau, *Satire* X, v. 80-86.

« Ai-je offert à tes yeux ces tristes Tisiphones,
Ces monstres pleins d'un fiel que n'ont point
les lionnes,

Qui, prenant en dégoût les fruits nés
de leur flanc,
S'irritent sans raison contre leur propre sang.
Toujours en des fureurs que les plaintes
aigrissent,
Battent dans leurs enfants l'époux
qu'elles haïssent,
Et font de leur maison, digne de Phalaris,
Un séjour de douleur, de larmes et de cris. »

Nicolas Boileau, *Satire* X, v. 677-683.

« Ses deux fils prirent différentes routes ; aussi, nonobstant leur intime et inaltérable union, chose également rare et respectable entre deux frères, rien en tout de plus différent l'un de l'autre. »

Louis de Rouvroy, duc de Saint-Simon,
Mémoires, 1714.

« J'avais huit ans et l'œil paternel ne s'était pas encore arrêté sur moi. »

Charles Maurice de Talleyrand, *Mémoires*.

« Les enfants, à cette époque, étaient les héritiers du nom et des armes. On croyait avoir assez fait pour eux en leur préparant de l'avancement, des places… Car dans les grandes maisons, c'était la famille que l'on aimait, bien plus que les individus, et surtout les jeunes individus que l'on ne connaissait pas encore. Je n'aime point m'arrêter sur cette idée… Je la quitte. »

Charles Maurice de Talleyrand, *Mémoires.*

« Ces "bonnes familles" où chaque membre n'atteint à supporter tous les autres que par un miracle de vertu et sur la foi d'une récompense éternelle. »

François Mauriac, *Le Mal.*

« Nous feignons d'oublier que chaque génération d'enfants porte en germe tous les goujats, toutes les crapules et tous les mufles de demain. »

François Mauriac, *Bloc-Notes.*

III

CES RELATIONS QU'ON DIT HUMAINES

« L'homme est un loup pour l'homme », disait Plaute. L'aura-t-on répété ! Pourtant, quand je regarde ces films qui montrent en direct la vie des loups, ces documentaires qui suivent de si près le comportement de leurs meutes, j'en viens à me demander ce que Plaute avait contre ces pauvres bêtes.

« Rire d'un ennemi, n'est-ce pas un rire très doux ? »

Sophocle, *Ajax*, v. 79.

« Les hommes sont ainsi faits qu'ils méprisent ceux qui les ménagent et qu'ils respectent ceux qui ne leur concèdent rien. »

Thucydide, *La Guerre du Péloponnèse.*

« L'homme est un loup pour l'homme. »

Plaute, *Asinaria*, II. 4.88.

« Le propre de la nature humaine est de haïr celui qu'on a lésé. »

Tacite, *Agricola*, XLIII, 5.

« Dès le point du jour, se dire d'avance : je rencontrerai un indiscret, un ingrat, un violent, un faux jeton, un marginal. Tous ces vices leur surviennent du fait qu'ils ne savent rien de ce qui est bien et de ce qui est mal. »

Marc Aurèle, *Pensées*, II. 1.

« Dans la foule bruyante d'une assemblée, ce n'est pas la parole du bon conseiller qui domine ; c'est le tumulte et les cris des médiocres ; assis dans le silence, il ne peut rien et il est vaincu par les méchants. »

Plotin, *Ennéades*, IV. 4.17.

« Nous (les chrétiens), nous nous jalousions les uns les autres, nous nous lancions de grossières injures, et il s'en fallait de peu que nous nous fassions la guerre les uns aux autres quand cela se trouvait, avec les armes et les traits que sont les mots ; les chefs déchiraient les chefs ; les peuples divisés se soulevaient contre les peuples, l'hypocrisie maudite et la dissimulation montaient au plus haut degré de malice. »

Eusèbe, *Histoire ecclésiastique*, VIII. 7.

« Bientôt je régnai sans partage dans le domaine de la dialectique. Il serait difficile d'exprimer l'envie qui desséchait Guillaume (de Champeaux), l'amertume qui fermentait en lui. Incapable de contenir son ressentiment, il chercha encore une fois à m'écarter par la ruse. »

Abélard, *Histoire de mes malheurs*.

« Et c'est la coutume de ceux qui envient autrui de se taire sur ce qui est bon, de cacher renom et bravoure des exploits de ceux qui sont plus accomplis qu'eux, et de porter des accusations contre les innocents en dissimulant leurs propres tares derrière les calomnies portées contre autrui. Aussi un homme intelligent enseignait-il son fils, disant : "Mieux vaut vivre seul sans camarades que d'en avoir qui vous envient !" »

Frère Robert,
La Saga de Tristram et d'Isömd, LXXI.

« Il n'est pas de vertu que la calomnie ne sache atteindre. »

William Shakespeare, *Hamlet*, Acte I, sc. 3.

« Ainsi la vie humaine n'est qu'une illusion perpétuelle : on ne fait que s'entre-tromper et s'entre-flatter. Personne ne parle de nous en notre présence comme il en parle en notre absence. L'union entre les hommes n'est fondée que sur cette mutuelle tromperie...

L'homme n'est donc que déguisement,
que mensonge et hypocrisie, et en soi-même
et à l'égard des autres. »

Blaise Pascal, *Pensées*, 100.

« Je mets en fait que,
si tous les hommes savaient
ce qu'ils disent les uns des autres,
il n'y aurait pas quatre amis dans le monde. »

Blaise Pascal, *Pensées*, 101.

« C'est une réflexion que je fais avec peine,
mais tout indique que dans l'homme,
la puissance de la haine est un sentiment
plus fort que celui de l'humanité en général,
et même que celui de l'intérêt personnel. »

Charles Maurice de Talleyrand, *Mémoires*.

« Malheur à l'homme d'étude qui n'est d'aucune coterie ; on lui reprochera jusqu'à de petits succès fort incertains, et la haute vertu triomphera en le volant. »

Stendhal, *Le Rouge et le noir*, XIX.

« Il regrettait seulement de n'avoir pas poussé l'hypocrisie jusqu'au point où elle est invisible. »

Valery Larbaud, *Fermina Marquez.*

« Le monde humain trompe par un commerce de grimaces. »

Alain, *Propos.*

« Appartenir à l'histoire, c'est appartenir à la haine. »

André Malraux, *Les Chênes qu'on abat...*

C'ÉTAIT MIEUX AVANT

« Mon Dieu, Protégez-nous de ceux qui nous veulent trop de bien ! »

Vladimir Jankélévitch, *Traité des Vertus*.

« On prétend que seul l'amour permet de comprendre ; et la haine, donc ! »

Paul Veyne, *Le Pain et le cirque*.

IV

DE LA POLITIQUE ET DES POLITICIENS

J'aurai rendu un grand service à mes concitoyens, dans cette petite ville que nous habitions ces années-là. Des gens bien intentionnés tenaient à ce que je me présente aux élections municipales : j'ai refusé. Au fait, j'y pense ; c'est tout juste ce qu'aurait fait Épicure. Une fois dans ma vie, j'aurai été épicurien.

« Il a toujours été dans la nature
de l'homme d'étendre son pouvoir
sur ce qui ne lui résiste pas. »

Thucydide, *La Guerre du Péloponnèse*, IV. 12.

« On ne peut connaître l'âme, les sentiments, les intentions d'un homme avant qu'on l'ait vu exercer le pouvoir, et donner des lois. Pour moi,

celui qui dirige l'État et ne s'attache pas aux
résolutions les meilleures, mais retient,
par crainte, sa langue entravée, est le pire
des hommes, je le pense depuis toujours. »

Sophocle, *Antigone*, v. 275-281.

« Tu diras que la royauté a des charmes.
Pour les sages, très peu, à dire vrai,
à moins que le pouvoir ne détruise l'esprit
aux hommes qu'il séduit. »

Euripide, *Hippolyte*, v. 1013-1015.

« Ingrate engeance, vous tous qui briguez
la faveur du populaire ! Que jamais
je n'aie rien de commun avec vous,
vous qui vous moquez bien de nuire
à vos amis pourvu que vos discours
flattent la foule ! »

Euripide, *Hécube*, v. 254-256.

« Pour la conduite du peuple, tu as de surcroît
toutes les autres qualités adéquates : une voix
vulgaire, une basse extraction… et tu es
un voyou. Tu as tout ce qu'il faut pour faire
de la politique ! »

Aristophane, *Les Cavaliers*, v. 216-219.

« Écoute donc, dit-il. Voici ce que moi,
je déclare être la justice : rien d'autre que
ce qui profite au plus fort. »

Platon, *La République*, I, 338 c.

« Qu'ils me haïssent, dès lors qu'ils
me redoutent »

Accius, *Atrée*,
cité par Cicéron, *Traité des Devoirs*, I. 28.97
et par Suétone, *Vie des douze Césars*, XXX.

« Ceux qui s'occupent d'une partie des citoyens
en négligeant les autres introduisent dans la cité
un mal qui doit la perdre, la sédition

et la discorde ; il arrive que les uns se dévouent pour le peuple ; d'autres n'ont de zèle que pour les grands ; bien peu songent à tous. »

Cicéron, *Traité des Devoirs*, I. 25.

« Tu ne peux être à la fois indépendant et vorace. »

Martial, *Épigrammes* ; IX. 9.

« Bien plus, lorsque tu baises les mains des esclaves d'un autre pour obtenir ces magistratures et ces dignités élevées et magnifiques, n'agis-tu pas de façon à ne pas même être esclave d'un homme libre ? Puis on te voit te promener majestueusement, comme préteur ou comme consul. »

Épictète, *Entretiens*, IV. 148-149.

« Le meilleur jour après un mauvais prince est le premier. »

Tacite, *Histoires*, IV. 42.

« Regarde-les, quand ils mangent, qu'ils dorment, qu'ils baisent, qu'ils se rendent aux… Et après, quand ils se donnent des grands airs, qu'ils se rengorgent, ou qu'ils s'irritent et vous accablent de leur supériorité. »

Marc Aurèle, *Pensées*, X. 19.

« Qu'ils sont mesquins, ces petits bonshommes qui jouent les politiques, et se figurent agir ainsi en philosophes ! Petits morveux ! »

Marc Aurèle, *Pensées*, IX. 29.

« N'espère pas réaliser la république de Platon, mais tiens-toi pour satisfait si tu avances un tant soit peu, et considère que ce petit résultat, ce n'est pas rien. »

Marc Aurèle, *Pensées*, IX. 29.

« Que les peuples acclament non point les défenseurs de leurs intérêts, mais les intendants de leurs plaisirs.

Qu'on ne commande rien de pénible ; qu'on n'interdise rien de louche. Que les rois sesoucient moins de régner sur d'honnêtes citoyens que sur des gens à leur dévotion… Qu'il soit tenu pour ennemi public, celui à qui déplairait une telle félicité ! »

Saint Augustin, *La Cité de Dieu*, II. 20.

« Les princes de la terre qui, poursuivant avec plus d'obstination que de justice les infractions commises contre leurs édits, croiraient témoigner d'une honteuse faiblesse s'ils montraient quelque miséricorde ! »

Abélard, Lettre à Héloïse,
Histoire de mes malheurs.

« Les hommes craignent moins d'offenser celui qui se fait aimer que celui qui se fait craindre, parce que l'amour n'est retenu que par le seul lien de la reconnaissance, qu'attendu la perversité des hommes, toute occasion d'intérêt personnel vient rompre ; au lieu que la crainte du prince est entretenue par celle de la punition qui ne les abandonne jamais. »

Nicolas Machiavel, *Le Prince*, XVII.

« Il est certain qu'entre tous les principes capables de mouvoir un Estat, la crainte, qui est fondée en l'estime et en la révérence de la force, est celuy qui intéresse davantage chacun à faire son devoir. »

Richelieu, *Testament politique*,
cité par Pierre-Jean Remy,
Trésors et secrets du Quai d'Orsay.

« La clémence des princes n'est souvent qu'une politique pour gagner l'affection des peuples. »

François de La Rochefoucauld,
Maximes, XV.

« Soutenu en tout par la cour, dont il (le premier Président Harlay) était l'esclave, et le très humble serviteur de ce qui y était en vraie faveur, fin courtisan et singulièrement rusé politique, tous ces talents, il les tournait uniquement à son ambition de dominer et de parvenir, et de se faire une réputation de grand homme ; d'ailleurs sans honneur effectif, sans mœurs dans le secret, sans probité qu'extérieure, sans humanité, même en un mot un hypocrite parfait. »

Louis de Rouvroy, duc de Saint-Simon,
Mémoires, 1694.

« M. le duc d'Orléans fut non seulement abandonné de tout le monde, mais il se faisait place nette devant lui chez le Roi et dans le salon, et s'il y approchait d'un groupe de courtisans, chacun sans le plus léger ménagement faisait demi-tour à droit(e)

ou à gauche, et s'allait rassembler à l'autre bout
sans qu'il lui fût possible d'aborder personne
que par surprise. »

Louis de Rouvroy, duc de Saint-Simon,
Mémoires, 1712.

« On connaît, dans les grandes cours, un autre
moyen de se grandir : c'est de se courber. »

Charles Maurice de Talleyrand, *Mémoires.*

« Rassurez tout le monde et tout le monde sera
pour vous. »

Joseph Fouché, *Mémoires.*

« Mirabeau a fait école. En s'affranchissant
des liens moraux, on a rêvé qu'on
se transformait en homme d'État. Ces imitations
n'ont produit que de petits pervers. »

François-René de Chateaubriand,
Mémoires d'outre-tombe.

« En France, on ne sait pas attendre ;
on a horreur de tout ce qui a l'apparence
du pouvoir, jusqu'à ce qu'on le possède. »

François-René de Chateaubriand,
Mémoires d'outre-tombe.

« Les nations n'ont de grands hommes
que malgré elles. »

Charles Baudelaire, *Mon cœur mis à nu*, XL.

« L'union fait la force.
Oui, mais la force de qui ? »

Alain, *Propos.*

« Pour eux (les partis), la République devait
être leur propriété et le peuple n'existait,
en tant que souverain, que pour déléguer
ses droits et jusqu'à son libre arbitre aux
hommes qu'ils désigneraient…
Que l'État fût faible, c'est à quoi, d'instinct,

ils tendaient, afin de mieux le manier et d'y
conquérir plus aisément, non point tant
les moyens d'agir, que les fonctions
et les influences. »

Charles de Gaulle,
Mémoires de guerre, Le Salut.

« Le propre des régimes agonisants
est de permettre un mélange confus de croyances
et de doctrines, et de donner en même
temps l'illusion qu'on pourra retarder
indéfiniment l'heure et le choix...
C'est de là – et uniquement de là – que dérive
le charme des périodes pré-révolutionnaires. »

Emil Michel Cioran,
De l'inconvénient d'être né.

V

LA LOI DE L'EMPÊCHEMENT MAXIMUM DANS LA NATURE

C'est évident : une tartine beurrée choit toujours du côté du beurre, et cela même pose problème au-delà de la physique. Un ami juif me disait s'en être ouvert à son rabbin. Ayant médité un instant, celui-ci répondit : « Mon fils, es-tu sûr de tartiner le beurre du bon côté ? »

« D'ailleurs, comment la créature humaine peut-elle être sûre de quoi que ce soit ? »

Hérodote, *L'Enquête*, VII. 50.

« Si vous voulez n'avoir peur de rien, pensez que tout est redoutable. »

Sénèque, *Questions naturelles*, III. 2.3.

« L'homme qui a la chance pour lui est plus rare
qu'un corbeau blanc. »

Juvénal, *Satire* VII. 202.

« Plusieurs fois, j'ai constaté que les gens,
ne pouvant réaliser leur désir et obtenir
ce qu'ils convoitent, se résignent à accepter
ce qui est à leur portée ; dans leur détresse,
ils adoptent une conduite qui souvent
redouble leurs maux, et quand ils veulent
se libérer, ils ne le peuvent plus. »

Tristan et Iseult.

« Et je n'espère pas que reviennent les jours
heureux, mais je m'attends à tomber toujours de
mal en pis ; et j'ai déjà dépassé le milieu de ma
carrière. »

Pétrarque, *Canzoniere*, CXXIV.

« Avec la mort à côté de moi, je cherche une nouvelle direction à donner à ma vie, et, tout en voyant la meilleure, c'est la pire que je suis. »

Pétrarque, *Canzoniere*, CCLXIV.

« Pourquoi vous troubler de ce que rien n'arrive
comme vous le désirez ?
Et comme vous le voulez ?
À qui est-ce que tout succède selon sa volonté ?
Ni à vous, ni à moi, ni à aucun homme
sur la terre. »

Imitation de Jésus-Christ, I. 22.

« Il est dans l'ordre des choses que jamais
on ne cherche à éviter un inconvénient
sans tomber dans un autre. »

Nicolas Machiavel, *Le Prince*, XXI.

« Il y a des conjectures où la prudence même ordonne de ne consulter que le chapitre des accidents. »

Cardinal de Retz, *Mémoires*.

« Il est inexcusable de n'avoir pas prévu et de n'avoir pas prévenu les conjonctures dans lesquelles l'on ne peut plus faire que des fautes. »

Cardinal de Retz, *Mémoires*.

« Nous ne pouvons prendre plaisir à une chose qu'à la condition de nous fâcher si elle réussit mal. »

Blaise Pascal, *Pensées*, 181.

« Je mets les choses au pis, parce que je trouve que c'est la vraie façon de raisonner. »

Louis XVIII, Lettre à Charles Maurice de Talleyrand, 14 octobre 1814. *Mémoires*.

« Être sans inquiétude, c'est être en danger. »

John-Henry Newman,
Parochial and Plains Sermons, I, n° 4.

« Toute voie où l'on se lance à fond devient une impasse. »

Roger Martin du Gard, *Les Thibault.*

« Qui n'est pas imbu de la conviction que tout est vain ? »

Emil Michel Cioran,
Précis de décomposition.

« Le meilleur des mondes n'est que le moins mauvais. »

Vladimir Jankélévitch, *Le Pardon.*

VI

LE BONHEUR, DITES-VOUS ?

Cherchant ce que je pourrais bien dire au sujet du bonheur, je ne trouve que le concept lui-même, autant dire rien, et dont les penseurs sachant penser ont tout dit et le reste. Au fait, comment serait-on heureux, dès lors qu'on sait très bien que c'est tout juste pour un temps ? Il ne saurait y avoir de vrai bonheur, en somme, qu'éternel, si j'ai bien compris.

« Le bonheur n'est pas fait pour les mortels. »

Euripide, *Médée*, v. 1228.

« Ne croyez au bonheur d'aucun homme, fût-il des plus heureux, avant qu'il ne soit mort. »

Euripide, *Les Troyennes*, v. 510.

« Jamais on n'avait vu, jamais on ne verrait d'homme qui, du jour de sa naissance, n'eût le malheur mêlé à son destin. »

Hérodote, *L'Enquête*, VII. 203..

« On voit rarement un homme qui dise avoir vécu heureux, et qui son temps achevé, quitte la vie content, comme un convive rassasié. »

Horace, *Satires*, I. 1.

« Aucun homme ne doit être dit heureux avant qu'il ait quitté la vie et reçu les honneurs funèbres. »

Ovide, *Métamorphoses*, III. 136-7.

« Une vie plus heureuse ? – Que tu veuilles être ce que tu es sans rien préférer d'autre. »

Martial, *Épigrammes*, X. 47.12.

« Veux-tu que je te dise pourquoi tu es
malheureux ? – C'est que tu es heureux. »

Martial, *Épigrammes*, X. 14.10.

« Telle est la vie des dieux et des hommes divins
et bienheureux : s'affranchir des choses
d'ici-bas, s'y déplaire ; fuir seul vers le seul. »

Plotin, *Ennéades*, VI. 9.11.

« Voyez, mes frères, dit Ambroise, avec quelle
miséricorde Dieu nous épargne quand il nous
place dans l'adversité ici-bas, et avec quelle
sévérité il s'irrite quand il distribue
de continuelles largesses ! »

Jacques de Voragine, *La Légende dorée*.

« … Mais courte est la vie,
Quand on vit, tout fait défaut,
Quand on meurt, tout est de trop. »

Lope de Vega, *La Dorotea*.

« La nature nous rendant toujours malheureux en tous états, nos désirs nous figurent un état heureux, parce qu'ils joignent à l'état où nous sommes les plaisirs de l'état où nous ne sommes pas ; et quand nous arriverions à ces plaisirs, nous ne serions pas heureux pour cela, parce que nous aurions d'autres désirs conformes à ce nouvel état. »

Blaise Pascal, *Pensées*, 109.

« Il faut rire avant d'être heureux, de peur de mourir avant d'avoir ri. »

Jean de La Bruyère, *Caractères*,
Du cœur, 63.

« Ô ! Vous qui prétendez à des destins brillants,
Craignez, craignez surtout de vivre trop longtemps ;
En vain sur votre tête un beau jour semble luire,
Succès, gloire, bonheur, le temps peut tout détruire. »

Choderlos de Laclos, *Épître à la Mort*.

« Toutes les âmes n'ont pas la même aptitude au bonheur, comme toutes les terres ne portent pas également des moissons. »

François René de Chateaubriand,
Mémoires d'outre-tombe, I.

« Dès qu'un homme cherche le bonheur, il est condamné à ne pas le trouver. »

Alain, *Propos*.

« On finit par se réjouir de pas grand-chose, du très peu que la vie veut bien nous laisser de consolant. »

Louis-Ferdinand Céline, *Voyage au bout de la nuit*.

« L'illusion du bonheur, c'est fait pour les crétins. »

Charles de Gaulle, cité par A. Malraux,
Les Chênes qu'on abat...

« Le bonheur est insaisissable ; la sagesse
des individus sait qu'il n'existe
que dans le souvenir…
On ne saura qu'*après* qu'à telle ou telle époque
on était heureux sans le savoir. »

Paul Veyne, *Sénèque.*

VII

LA SOTTISE, DE QUELQUE MOT QU'ON LA DÉSIGNE

De la sottise – appelons-la ainsi –, je puis parler, car je me suis beaucoup observé. Il suffit d'un rien d'assurance, d'un soupçon de contentement de soi, et vous n'entendez plus les autres penser, en vous regardant : « Il est bien brave, ce... ». Mon rêve : me coucher moins... sot que je ne me suis levé.

« Ne pas déraisonner est le plus grand don du ciel. »

Eschyle, *Agamemnon*, 927.

« Les stupides qui possèdent un bien ne s'en aperçoivent que s'il leur est enlevé. »

Sophocle, *Ajax*, 964-965.

« C'est, en effet, une famille innombrable,
celle des imbéciles… »

Simonide, cité par Platon, *Protagoras*, 346 c.

« Ce sont leurs propres fautes,
leurs insuffisances que les imbéciles imputent
à la vieillesse. »

Cicéron, *Cato maior. De senectute*.

« Je m'étonne, ô mur, que tu ne te sois
pas écroulé sous le poids des âneries dont
les gens t'ont couvert ! »

Inscription sur un mur de Pompéi,
Corpus des inscriptions latines, IV. 2461.

« La licence, que les sots
appellent liberté… »

Tacite, *Dialogue des orateurs*, XL, 2.

« Et pour la sottise d'autrui, et même de ses proches, le sage ne se rendra pas malheureux. »

Plotin, *Ennéades*, I. 4.7.

« Immense est la foule des imbéciles. »

Saint Augustin, *Contre les Académiciens*, I. 1-2.

« La plupart des humains sont des idiots.
– Ça aussi on le sait ! »

Saint Augustin, *Le Libre arbitre*, I. 8.19.

« Frappait-on à sa porte pour le consulter sur une question douteuse, on revenait avec plus de doutes encore. Il était, certes, admirable devant un auditoire muet, mais se montrait nul dès qu'on l'interrogeait. »

Abélard (parlant d'Anselme de Laon), *Histoire de mes malheurs*.

« La plupart des hommes sont à la remorque de leurs impressions corporelles. »

Thomas d'Aquin, *Somme théologique*, 2a2ae, 95, art. 5 ad 2m.

« Or, il n'y a guère que du vulgaire dans le monde ; et le petit nombre d'esprits pénétrants qui s'y rencontre ne dit ce qu'il entrevoit que lorsque le grand nombre de ceux qui ne le sont point ne sait plus à quoi s'en tenir. »

Nicolas Machiavel, *Le Prince*, XVIII.

« Mais il y a des gens qui pensent savoir parfaitement une chose, sitôt qu'ils y voient la moindre lumière. »

René Descartes, Lettre au Père Mersenne.

« On a rarement à traiter avec des personnes parfaitement raisonnables. »

René Descartes, Lettre à Élisabeth, mai 1646.

« On trouve des moyens pour guérir de la folie, mais on n'en trouve point pour redresser un esprit de travers. »

François de La Rochefoucauld,
Maximes, CCCXVIII.

« Tout le monde se plaint de sa mémoire, et personne ne se plaint de son jugement. »

François de La Rochefoucauld,
Maximes, LXXXIX.

« D'où vient qu'un boiteux ne nous irrite pas, et qu'un esprit boiteux nous irrite ? À cause qu'un boiteux reconnaît que nous allons droit, et qu'un esprit boiteux dit que c'est nous qui boitons ; sans cela nous en aurions pitié et non colère. »

Blaise Pascal, *Pensées*, 80.

« L'extrême bêtise n'empêche pas l'orgueil. »

Louis de Rouvroy, duc de Saint-Simon, *Mémoires,* 17.

« Le sot qui a beaucoup de mémoire est plein de pensées et de faits ; mais il ne sait pas en conclure : tout tient à cela. »

Vauvenargues, *Réflexions et Maximes,* CCXIV.

« La haine même doit être éclairée pour ne pas faire de sottises. »

François René de Chateaubriand, *Mémoires d'outre-tombe.*

« Ce que l'*Almanach des Muses* a fourni d'agents de la Terreur est incroyable ; la vanité des médiocrités en souffrance produisit autant

de révolutionnaires que l'orgueil blessé
des culs-de-jatte et des avortons :
révolte analogue des infirmités de l'esprit
et de celles du corps. »

François René de Chateaubriand,
Mémoires d'outre-tombe.

« Et avoir un corps, c'est la grande menace
pour l'esprit. »

Marcel Proust, *Le Temps retrouvé.*
À la recherche du temps perdu.

« Un état bien dangereux : croire comprendre. »

Paul Valéry, *Choses tues.*

« Moins les gens ont d'idées à exprimer,
plus ils parlent fort. »

François Mauriac, *Le Feu sur la terre.*

« On fait l'idiot pour plaire aux idiots ; ensuite on devient idiot sans s'en apercevoir. »

Henri de Montherlant, *La Guerre civile*, Acte I, sc. 3.

« C'est la manie des sots que de vous sommer de comprendre. »

Maurice Druon, *Les Rois maudits*.

VIII

LES GENS SONT COMME ÇA

À l'école de la République, on apprenait – du moins de mon temps – à se droitement conduire avec ses semblables. Au catéchisme, on apprenait à aimer son prochain comme soi-même. Mais voilà : quoi de plus lointain que le prochain ? Et quoi de plus différent que le semblable ?

« Partout, les individus comme les États sont enclins à mal faire. »

Thucydide, *La Guerre du Péloponnèse*.

« Perfide, toujours et de toute façon
Est la nature de l'homme. »

Aristophane, *Les Oiseaux*, v. 451-452.

« Semblable aux enfants qui tremblent
et s'effraient de tout dans les ténèbres aveugles,
nous-mêmes en pleine lumière redoutons
souvent des dangers aussi peu terribles que ceux
que redoute leur imagination, et qu'elle croit
voir s'approcher dans la nuit. »

Lucrèce, *De la Nature*, III. 87-90.

« L'homme cupide est toujours en manque. »

Horace, *Épîtres*, I, v. 56.

« La plupart des gens versent des larmes pour
la montre ; et ils gardent les yeux secs dès
qu'il n'y a personne pour les regarder ;
ils jugent qu'il est indécent de ne pas pleurer,
puisque tous le font. »

Sénèque, *De la tranquillité de l'âme*, XV. 6.

« Chez le pervers domine la foule. »

Plotin, *Ennéades*, IV. 4. 17.

« Ce monstre multiforme qu'est l'opinion… »

Synésios de Cyrène, *Dion*, XIV. 3.

« Le comte est un véritable traître : s'il vous trouve ici, il vous fera démembrer avant que vous puissiez sortir. Il veut que je sois à lui, c'est pourquoi il vous hait. »

Chrétien de Troyes, *Eric et Enide*, v. 3483-3489.

« Mais il n'y a pas d'homme, quelque prudence qu'il ait, qui sache bien accorder sa conduite avec le temps, soit parce qu'il ne peut dévier du penchant auquel sa nature le porte, soit encore parce qu'ayant toujours prospéré en marchant par une voie, il ne peut se persuader qu'il ferait bien de s'en départir. Quand le temps est venu, pour l'homme modéré, d'agir avec impétuosité, il ne sait pas le faire, et sa ruine en est le résultat. »

Nicolas Machiavel, *Le Prince*, XXV.

« Je respons ordinairement à ceux qui me demandent raison de mes voyages : que je sçay bien ce que je fuis, mais non pas ce que je cherche. Si on me dit que parmy les estrangers il y peut avoir aussi peu de santé, et que leurs mœurs ne valent pas mieux que les nôtres, je respons : qu'il est mal aysé, “Tant le crime a de formes !” (Virgile, *Géorgiques*, I. 506) secondement, que c'est toujours gain de changer un mauvais estat à un estat incertain, et que les maux d'autrui ne nous doivent pas poindre comme les nostres. »

Michel de Montaigne, *Essais*, III. 9.

« Je connais bien les mœurs de notre contrée. À Venise, les femmes laissent voir au ciel les fredaines qu'elles n'osent pas montrer à leurs maris ; et, pour elles, le cas de conscience, ce n'est pas de s'abstenir de la chose, c'est de la tenir cachée. »

William Shakespeare, *Othello*, Acte III, sc. 3.

« Au reste, il n'y a aucun vice qui nuise tant à la félicité des hommes que l'envie : car, outre que ceux qui en sont entachés s'affligent eux-mêmes, ils troublent aussi de tout leur pouvoir le plaisir des autres, et ils ont ordinairement le teint plombé, c'est-à-dire mêlé de jaune et de noir et comme de sang meurtri. »

René Descartes, *Les Passions de l'âme*,
1re partie, art. 184.

« La sincérité est une ouverture de cœur. On la trouve en fort peu de gens ; et celle qu'on voit d'ordinaire n'est qu'une fine dissimulation pour attirer la confiance des autres. »

François de La Rochefoucauld,
Maximes, LXII.

« Nous aurions souvent honte de nos plus belles actions si le monde voyait tous les motifs qui les produisent. »

François de La Rochefoucauld,
Maximes, CCCCIX.

« Nous ne sommes que mensonge, duplicité, contrariété, et nous cachons et nous déguisons à nous-mêmes. »

Blaise Pascal, *Pensées*, 377.

« L'envie est la haine en tant qu'elle affecte l'homme de sorte qu'il soit attristé du bonheur d'autrui, et se réjouisse au contraire du mal d'autrui. »

Baruch Spinoza, *Éthique*, III. 23.

« La moquerie est la joie née de ce que nous imaginons qu'il y a quelque chose à mépriser dans une chose que nous haïssons. »

Baruch Spinoza, *Éthique*, III, 11.

« Mais moi, vivre à Paris !
Eh ! qu'y viendrais-je faire ?
Je ne sais ni tromper, ni feindre, ni mentir.
Et quand je le pourrais, je n'y puis consentir. »

Nicolas Boileau, *Satire* I, v. 42-44.

« Éprise d'elle-même au dernier point,
elle voulait que les autres le fussent ;
mais il fallait en obtenir la permission. »

Louis de Rouvroy, duc de Saint-Simon,
Mémoires, 1722.

« Le cardinal de Bouillon, accoutumé par le rang
accordé à sa maison aux usurpations
et aux chimères, croyait reculer
quand il n'avançait pas. »

Louis de Rouvroy, duc de Saint-Simon,
Mémoires, 1715.

« Ces gens-là, et malheureusement bien
d'autres, comptent l'utile pour tout et l'honneur
pour rien. »

Louis de Rouvroy, duc de Saint-Simon,
Mémoires, 1715.

« Ne soyons pas surpris si tant de gens accusent l'envie. C'est une manière de se supposer des talents que d'annoncer que l'on excite dans autrui ce sentiment pénible. »

Choderlos de Laclos, *Galerie des dames*, II, *Polixène*.

« On se donne un renom de vertu à peu de frais : l'âme supérieure n'est pas celle qui pardonne ; c'est celle qui n'a pas besoin de pardon. »

François René de Chateaubriand, *Mémoires d'outre-tombe.*

« Tout mensonge répété devient une vérité : on ne saurait avoir trop de mépris pour les opinions humaines. »

François René de Chateaubriand, *Mémoires d'outre-tombe.*

« Le moins infâme de tous les commerçants,
c'est celui qui dit :
Soyons vertueux pour gagner beaucoup plus
d'argent que les sots qui sont vicieux. »

Charles Baudelaire, *Mon cœur mis à nu*, XLI.

« Aucun homme ne peut trouver en ce monde
de plus redoutable ennemi que lui-même. »

Alain, *Propos*.

« L'action la plus naturelle à un homme
ordinaire, c'est de se détruire lui-même
par quelque gourmandise, d'aliment, de boisson
ou d'opinion. Ainsi la guerre est bien facile. »

Alain, *Propos*.

« Les âmes médiocres qui se croient saintes
parce qu'elles sont scrupuleuses… »

François Mauriac, *Ce que je crois*.

« J'avais une spécialité : les nobles causes.
La veuve et l'orphelin, comme on dit, je ne sais
pourquoi, car enfin il y a des veuves abusives
et des orphelins féroces. »

Albert Camus, *La Chute*.

« Le mensonge est pour eux une seconde nature.
La moitié d'entre eux ne savent même plus
quand ils disent la vérité. »

John Le Carré, *Le Miroir aux espions*.

« Il y a une forme de modestie qui n'est
qu'orgueil inversé. »

Jean d'Ormesson, *Une fête en larmes*.

« L'angoisse est une dimension constitutive
de la conscience. »

Jean d'Ormesson, *Voyez comme on danse*.

« À faire étalage de soi devant autrui, on se persuade aisément soi-même. »

Maurice Druon, *Les Rois maudits*.

« Il lui fallait trop de tout pour lui donner le sentiment d'avoir assez. »

Maurice Druon, *Id.*

IX

LES DIEUX, À QUI LES RELIGIONS FONT SI GRAND TORT

À voir au long des siècles les hommes s'entretuer au nom de leurs religions, chacune étant la seule vraie, bien sûr, on se dit que pour Dieu, c'est une chance d'être pur esprit. Ainsi ne peut-on lui mettre sur le dos les atrocités de ses sous-traitants.

« Bien sûr, un méchant ne périt pas ;
Les divinités, au contraire, le protègent.
Elles ont plaisir à faire remonter de l'Hadès
les prêts à tout et les roués,
et y dépêchent toujours les justes et les bons.
Comment peut-on le comprendre, comment le louer ?
Quand je veux louer les dieux, je trouve
les dieux méchants. »

Sophocle, *Philoctète*, v. 446-452.

« Que penses-tu, ô Zeus ? Veilles-tu
sur les hommes ou est-ce en vain
qu'on t'en donne le nom ?
Est-ce faux, ce qu'on croit, qu'il existe
des dieux ? »

Euripide, *Hécube*, v. 488-490.

« Voyez-moi ça : « Zeus protecteur des pères !
Que tu es archaïque ! Est-ce qu'il y a seulement
un Zeus ? »

Aristophane, *Les Nuées*, v. 1463-1465.

« Tant la religion a pu conseiller de crimes ! »

Lucrèce, *De la Nature*, I. 101.

« Ô race infortunée des hommes, d'avoir attribué aux dieux de tels effets, et de leur avoir prêté en outre des colères cruelles !

Que de gémissements vous êtes-vous alors préparés à vous-mêmes, que de plaies pour nous, que de leçons pour nos descendants ! »

Lucrèce, *De la Nature*, V. 1194-1197.

« Quel mal lui a troublé l'esprit ? – La peur des dieux. »

Horace, *Satires*, II. 3. 295.

« Aristote a dit excellemment que nous ne devons jamais être plus prudents que quand nous traitons des dieux. »

Sénèque, *Questions naturelles*, XXX. 1.

« Entre deux peuples voisins, les gens d'Ombos et ceux de Teutyra, règne une éternelle détestation, incurable blessure qui brûle aujourd'hui encore. La cause d'une pareille fureur, c'est que chacun des deux déteste les dieux de l'autre et se figure qu'on ne doit considérer comme dieux que les siens. »

Juvénal, *Satires*, XV. 35-38.

« Le vulgaire, toujours en admiration devant les puissances magiques. »

Plotin, *Ennéades*, II. 9. 14.

« De nos jours, la religion n'est plus pour une grande part, qu'hypocrisie, et l'on fait une réputation de sainteté à qui ne heurte point les préjugés du monde. »

Lettre d'Héloïse à Abélard,
in Abélard, *Lamentations.*

« Quant aux femmes qui doivent dire des patenôtres, ou préparer la bouillie de châtaignes ou la tarte pour les dévots, qu'elles ne s'en mêlent point ; ces nouvelles ne poursuivront personne pour se faire lire, quoique les bigotes en disent bien d'autres et fassent de ces petites choses de temps en temps. »

Boccace, *Décaméron*.

« Tant il est vrai qu'il n'y a rien qui soit si sujet à l'illusion que la piété. Toutes sortes d'erreurs se glissent et se cachent sous son voile ; elle consacre toutes sortes d'imaginations ; et la meilleure intention ne suffit pas pour y faire éviter les travers. »

Cardinal de Retz, *Mémoires*.

« Il y a peu de vrais chrétiens, je dis même pour la foi. Il y en a bien qui croient, mais par superstition ; il y en a bien qui ne croient pas, mais par libertinage ; peu sont entre deux. »

Blaise Pascal, *Pensées*, 256.

« Les théologiens rétorquent que l'homme
a été dupé par le diable.
Mais qui donc alors aurait dupé le diable
pour commencer ? »

Baruch Spinoza,
Traité de l'autorité politique.

« Nous voyons que presque tous (les hommes)
substituent à la parole de Dieu leurs propres
inventions et s'appliquent uniquement,
sous couvert de religion, à obliger les autres
à penser comme eux. »

Baruch Spinoza,
Tractatus theologico-politicus.

« Un bigot orgueilleux qui, dans sa vanité,
Croit duper jusqu'à Dieu par son zèle affecté. »

Nicolas Boileau, *Satires*, IV. 19-20.

« Car quel lion, quel tigre égale en cruauté
Une injuste fureur qu'arme la piété ? »

Nicolas Boileau, *Satires*, XII. 255-256.

« Tel est le fanatisme des pays d'Inquisition, où la science est un crime, l'ignorance et la stupidité la première vertu. »

Louis de Rouvroy, duc de Saint-Simon, *Mémoires*, 1721.

« La dévotion trouve pour faire de mauvaises actions des raisons qu'un simple honnête homme ne saurait trouver. »

Montesquieu, *Pensées diverses*.

« Les Dieux mêmes, les Dieux ont vu, sur leurs autels,
Se flétrir des lauriers qu'ils croyaient immortels. »

Choderlos de Laclos, *Épître à la Mort*.

« Le vice radical de la constitution politique de ce pays (l'État pontifical) est facile à saisir : ce sont des vieillards qui nomment pour souverain un vieillard comme eux. Ce vieillard, devenu maître, nomme à son tour cardinaux des vieillards. Tournant dans ce cercle vicieux, le suprême pouvoir énervé est toujours assis au bord de la tombe. »

François René de Chateaubriand, dépêche à M. le comte de la Ferronnays, 12 janvier 1829. *Mémoires d'outre-tombe.*

« De tous les articles de foi, l'existence d'un Dieu est, suivant moi, celui qui soulève le plus de difficulté. »

John-Henry Newman, *Apologia pro vita sua.*

« Durtal s'assit derrière le maître-autel, à gauche, sous la travée qui longe la rue de Saint-Sulpice…

Au loin, dans la nef presque vide, un ecclésiastique parlait en chaire. Il reconnut à la vaseline de son débit, à la graisse de son accent, un prêtre, solidement nourri, qui versait, d'habitude, sur ses auditeurs, les moins omises des rengaines. »

Joris-Karl Huysmans, *En route*.

« Je veux bien qu'une civilisation soit sans foi, mais je voudrais savoir ce qu'elle met à la place. »

Charles de Gaulle, cité par André Malraux, *Les Chênes qu'on abat...*

« Celui qui aime indûment un Dieu, contraint les autres à l'aimer, en attendant de les exterminer s'ils s'y refusent. »

Emil Michel Cioran, *Précis de décomposition*.

« Redoute, Adso, les prophètes et ceux qui sont disposés à mourir pour la vérité, car d'ordinaire ils font mourir des multitudes avec eux, souvent avant eux, parfois à leur place. »

Umberto Eco, *Le Nom de la rose.*

« Devant la fureur industrieuse des hommes, les dieux, sans combattre, se sont enfuis. Ils nous abandonnent la terre. »

Claude Imbert, *Le Tombeau d'Aurélien.*

X

TOUT A PASSÉ SI VITE

On bouge, on s'agite, on vibrillonne, on bourre un agenda qui se vidait. Et ne sachant que faire dans l'instant, on file au cinéma voir ce navet dont on parle en ce moment. On s'occupe, quoi ! On tue le temps. Mais, dîtes-moi, pourquoi le tuer ? Soyez-en sûr, il mourra bien tout seul.

« Les feuilles, le vent en jonche la terre…
Ainsi de la race des hommes. »

Homère, *Iliade*, VI. 147-149.

« Toute chose en ce monde est vouée au déclin. »

Thucydide, *La Guerre du Péloponnèse*.

« Toi aussi, tu fus un jour une enfant. »

Sappho, *Le Désir*.

« Elles apportent beaucoup, les années, à mesure qu'elles viennent ; en repartant, elles en emportent beaucoup. »

Horace, *Art poétique*, 176-177.

« Ah ! Postumus, Postumus, comme elles filent, les années ! »

Horace, *Carmina*, II. 14. 1.

« Il fuit, le temps qui point ne se rattrape… »

Virgile, *Géorgiques*, III. 284.

« Prolonge mes jours, ô Jupiter, accorde-moi beaucoup d'années ! Mais quelle suite de misères – et quelles misères ! – une longue vieillesse n'est-elle pas remplie ! L'un a mal à l'épaule, l'autre aux reins, l'autre à la cuisse. Celui-ci a perdu les deux yeux et il envie les borgnes. »

Juvénal, *Satire* X, 188-191 ; 227-228.

« Comme tout s'évanouit vite,
dans le monde les corps et dans le temps
leur souvenir ! »

Marc Aurèle, *Pensées*, II. 12.

« Tout à l'heure, la terre nous recouvrira tous. Puis elle se transformera à l'infini, et ses nouveaux aspects se transformeront à l'infini, et puis encore ces autres aspects à l'infini. À regarder les vagues successives de ces mutations et métamorphoses, leur rapidité, on n'aura que mépris pour ce qui est mortel. »

Marc Aurèle, *Pensées*, IX. 28.

« Rien qui fasse plus mal que se rappeler le temps du bonheur. »

Dante, *La Divine comédie*,
Enfer, chant V.

« Le temps fuit et le voyage des heures
est si promptement accompli que je n'ai pas
assez d'espace pour examiner seulement
comment je cours à la mort. »

Pétrarque, *Canzoniere*, XXXVII.

« Plus ne suis ce que j'ai été,
Et plus ne saurais jamais l'être.
Mon beau printemps et mon été
Ont fait le saut par la fenêtre. »

Clément Marot, *Plus ne suis ce que j'ai été*.

« Jamais le jeune enfant ne pense
À la vieillesse qui le suit. »

Pierre de Ronsard, *À sa maîtresse*, II, 12.

« Point ne vous laissez charmer
Par la fraîche jeunesse,
Car de fleurs éphémères
Le temps tresse ses guirlandes. »

Luis de Gongora, *Que nos va la Pascua*.

« Il n'aime plus cette personne qu'il aimait
il y a dix ans.
Je crois bien : elle n'est plus la même,
ni lui non plus. Il était jeune et elle aussi ;
elle est tout autre.
Il l'aimerait peut-être encore, telle
qu'elle était alors. »

Blaise Pascal, *Pensées*, 123.

« Ce qui rend les fautes de la vieillesse si tristes,
c'est qu'elles sont irréparables. »

Charles Maurice de Talleyrand,
Lettre à Louis-Philippe, *Mémoires*.

« Homme d'un autre temps, je me sens devenir
étranger à celui-ci. »

Charles Maurice de Talleyrand,
Lettre à Mme Adélaïde.

« Maintenant, un traînard
dans ce monde a non seulement
vu mourir les hommes,
mais il a vu mourir les idées :
principes, mœurs, goûts, plaisirs,
peines, sentiments, rien ne ressemble
à ce qu'il a connu. Il est d'une race
différente de l'espèce humaine au milieu
de laquelle il achève ses jours. »

François René de Chateaubriand,
Mémoires d'outre-tombe.

« Temps jaloux, se peut-il
que ces moments d'ivresse,
Où l'amour à longs flots nous verse
le bonheur,
S'envolent loin de nous de la même vitesse
Quc les jours de malheur ? »

Alphonse de Lamartine,
Premières méditations poétiques.

« Le vieillard chaque jour dans plus
d'ombre s'éveille ;
À chaque aube il est mort un peu plus
que la veille. »

Victor Hugo, *Toute la lyre*, V. 42. *Id.*, p. 478.

« Ô douleur ! Ô douleur ! Le Temps mange
la vie. »

Charles Baudelaire, *Les fleurs du mal,*
Spleen et idéal.

« Que lentement passent les heures
Comme passe un enterrement.
Tu pleures l'heure où tu pleures
Qui passera trop vivement
Comme passent toutes les heures. »

Guillaume Apollinaire, *À la Santé, Alcools.*

« Plus j'avance vers la vieillesse de ma jeunesse,
plus je me recouvre d'indifférence. »

Marie Bashkirtseff, *Journal*, 29 mai 1877.

« Tout bouge, tout coule, tout va,
court ou tourne ;
changent la mer et la montagne ainsi que l'œil
qui les regarde. »

Antonio Machado, *Campo de Castilla.*

« Hélas ! après un certain âge, tout homme
est responsable de son visage. »

Albert Camus, *La Chute*,
Bibl. de la Pléiade, p. 1502.

« Je sais que rien ne dure ! Savoir cela ! »

Albert Camus, *Caligula*,
Acte IV, sc. 13, Bibl. de la Pléiade, p. 106.

« Et pourtant, le temps courait ; sans se soucier des hommes, il allait et venait par le monde, flétrissant les belles choses ; et personne ne parvenait à lui échapper, même pas les enfants nouveaux-nés qui n'ont pas encore de nom. »

Dino Buzzati, *Le Désert des Tartares.*

« À un certain âge, espérer demande un trop gros effort. »

Dino Buzzati, *id.*

« La mémoire entasse des horizons effondrés. »

Emil Michel Cioran, *Le Mauvais démiurge.*

« À vingt ans, je n'avais déjà plus que du passé. »

Louis-Ferdinand Céline, *Voyage au bout de la nuit.*

« La cendre du passé a le même poids dans toutes les mains. »

Maurice Druon, *Les Rois maudits.*

XI

UNE MORT SÛRE

« Tout homme est mortel. Or Socrate est un homme. Donc... » Bon Dieu ! Mais c'est bien sûr... C'est même la seule chose dont on soit vraiment sûr : Socrate, Tartemol, vous, moi : tous. Il va bien falloir en passer par là. Cioran, décidément, n'avait pas tort : « Celui qui n'est pas mort jeune s'en repentira tôt ou tard. »

« La mort est un mal. Les dieux en ont jugé ainsi : sinon, ils seraient mortels. »

Sappho, *Le Désir.*

« J'appelle un fou celui qui va mourir et qui croit dans les doléances étouffer sa peur de l'Hadès quand il se sait perdu. C'est se charger de deux maux au lieu d'un, se faire taxer de sottise, et mourir tout de même. »

Euripide, *Iphigénie en Tauride*, v. 484-486.

« Alors, quand l'existence est un trop lourd fardeau, la mort devient pour l'homme le plus désirable des refuges. »

Hérodote, *L'Enquête*, VII. 46.

« Et souvent, la peur de la mort pénètre les hommes d'une telle haine de la vie et de la vue de la lumière qu'ils se donnent volontairement la mort dans l'excès de leur détresse, oubliant que la source de leur peine est cette peur elle-même. »

Lucrèce, *De la nature*, III, 79-82.

« Folie que d'aller mourir par peur de la mort ! »

Sénèque, *Lettres à Lucilius*, VIII. 70. 8.

« Ce n'est pas la mort ni la souffrance qui sont à craindre, c'est craindre la mort et la souffrance. »

Épictète, *Entretiens*, II. 1.

« Pour échapper à un ennemi, Fannius s'est suicidé. Cela, je te le demande, ce n'est pas de la folie que de vouloir mourir pour ne pas mourir ? »

Martial, *Épigrammes*, II. 80.

« On trouvait (À Pompéi) des gens qui par peur de la mort appelaient la mort. »

Pline le Jeune, *Lettres*, VI. 20. 15.

« Dans toute la ville, les gens criaient et pleuraient : "Dieu, quel tourment et quelle adversité nous inflige l'exécrable Mort ! Mort, tu es trop mauvaise et avide, trop cupide et envieuse ! Tu es insatiable !" »

Chrétien de Troyes, *Cliges*, v. 5771-5777.

« La Mort, le bras déjà levé pour frapper, ce qui est comme les coups de tonnerre du ciel irrité ou comme le rugissement du lion, va poursuivant ma vie qui s'enfuit devant elle ; et moi, rempli de frayeur, je tremble et je me tais. »

Pétrarque, *Canzoniere*, CCII.

« S'il est terrible de mourir, peut-être est-il plus dangereux de vivre plus longtemps. »

Imitation de Jésus-Christ, I. 23.

« Celui qui est mort aujourd'huy
Est aussi bien mort que celuy
Qui mourut aux jours du Déluge.
Autant vaut s'en aller le premier,
Que de séjourner le dernier
Devant le parquet du grand Juge. »

Pierre de Ronsard, *Contre Denise, sorcière*, III, Ode XXV.

« Il est incertain où la mort nous attende, attendons-la partout. »

Michel de Montaigne, *Essais*, I. 20.

« Craindre la mort hors du péril, et non dans le péril ; car il faut être homme. »

Blaise Pascal, *Pensées*, 215.

« La pensée de la mort nous trompe, car elle nous fait oublier de vivre. »

Vauvenargues, *Réflexions et maximes*, CXLIII.

« Vous qui aimez la gloire, soignez votre tombeau ; couchez-vous y bien ; tâchez d'y faire bonne figure, car vous y resterez. »

François René de Chateaubriand, *Mémoires d'Outre-tombe.*

« Le verbe mourir ne se conjugue pas
à la première personne. »

Jean Cassou, *Le Livre de Lazare.*

« Peu de jours avant, j'étais à Vémars
devant une pierre tombale, celle de mon père.
Je songeais qu'à son exemple, je retrouvais
moins mes morts dans les cimetières
que dans une cohabitation quotidienne
au fond du sanctuaire de moi-même,
là où ils sont toujours vivants et où,
hors du temps, je suis moi-même
comme si j'étais déjà mort. »

Claude Mauriac, *Le Temps immobile.*

« Pourquoi suis-je né, si ce n'était pas
pour toujours ? »

Eugène Ionesco, *Le Roi se meurt.*

« La mort est la seule situation absolument véridique et crûment authentique de notre destin. »

Vladimir Jankélévitch,
Le Je-ne-sais-quoi et le Presque-rien.

« L'existence nous est donnée sans doute pour nous apprendre à mourir jeunes. »

Jean Guitton, *Discours de remerciement et de réception à l'Académie française.*

« Dans nos cimetières, les animaux les plus familiers comme les plus fidèles sont proscrits, même en effigie. L'homme reste seul avec lui-même ; il n'a que ce qu'il mérite. »

Jean Grenier, *Sur la mort d'un chien.*

« La grande affaire de la vie, c'est la mort. »

Jean d'Ormesson, *Voyez comme on danse.*

XII

TRENTE SIÈCLES DE DÉCADENCE ?

Oui peut-être était-ce mieux autrefois. Peut-être aurions-nous péri lors de la peste d'Athènes, ou de celle du XIVe *siècle. Peut-être nous aurait-on raccourcis sous la Terreur, ou serions-nous tombés sous Metz en 1870, ou en 1916 devant Verdun. Une chose est sûre : à l'heure qu'il est, nous serions morts, et ce qui est fait n'est plus à faire.*

« Alors, le fils de Tydée prend une pierre
dans sa main. L'exploit est stupéfiant :
deux hommes, de ceux d'aujourd'hui,
ne pourraient pas la porter. Tout seul il la brandit,
et sans effort. »

Homère, *Iliade*, V, v. 304.

« Elles portent les fardeaux sur la tête, comme au bon vieux temps… Elles aiment le vin pur, comme au bon vieux temps… Elles adorent se faire baiser, comme au bon vieux temps… »

Aristophane, *Les Femmes à l'Assemblée*, v. 221-228.

« Alors vivait dans les campagnes une race d'hommes beaucoup plus dure… Une race dont les os plus grands et plus solides formaient le squelette, dont les chairs étaient reliées par des muscles puissants et qui ne redoutaient guère ni le froid ni la chaleur, ni le changement de nourriture, ni l'atteinte de la maladie. »

Lucrèce, *De la Nature*, V, 925-930.

« Turnus jette les yeux sur un rocher énorme. À peine deux fois six hommes d'élite, ayant la taille de ceux que la terre produit aujourd'hui, pourraient le soulever sur leur nuque. Le héros l'ayant saisi d'une main fébrile, le brandissait déjà sur son ennemi. »

Virgile, *Enéide*, XII, v. 899-900.

« Mille incommodités assiègent le vieillard… Quinteux, râleur, vantant le temps passé, quand il était gosse, toujours à censurer les jeunes… »

Horace, *Art poétique*, v. 173-174.

« Il est une chose à laquelle nous nous appliquons de toute notre âme, et pourtant nous n'avons pas encore réussi à être tout à fait corrompus. Nos vices ont toujours des progrès à faire ; l'impudeur découvre d'autres pratiques pour se faire outrage à elle-même ; l'âme énervée et corrompue par le plaisir découvre, pour sa propre perte, des moyens plus raffinés et plus morbides. Nous n'avons pas encore abdiqué toute énergie. »

Sénèque, *Questions naturelles*, VII. 31.1-2.

« Hélas ! hélas, c'est pire tous les jours... Plus personne ne croit que le ciel est le ciel, personne n'observe le jeûne, personne ne fait cas de Jupiter plus que d'un poil, tout le monde se met des œillères et compte ses sous. Autrefois, les dames en robe longue grimpaient les pieds nus le raidillon du Capitole, cœur pur et cheveux flottants, et elles suppliaient Jupiter d'envoyer de l'eau. Ça faisait que de suite il pleuvait à seaux, c'était le moment ou jamais, et tout le monde riait, trempé comme des rats. Pourquoi les dieux ont les pieds en laine, c'est parce que nous n'avons plus de religion. Les champs sont en friche. »

Pétrone, *Satiricon*, XLIV. O. Sers.

« Nous vivons aujourd'hui un temps, des siècles pires que l'âge de fer, à ce point criminels que la nature elle-même n'a pu trouver de noms pour eux et n'a pas trouvé de métal pour la désigner. »

Juvénal, *Satires*, XIII, v. 28-30.

« Déjà du temps d'Homère notre race baissait. La terre ne nourrit plus aujourd'hui que des hommes méchants et chétifs. »

Juvénal, *Satires*, XV. v. 69-70.

« Les jeunes (d'aujourd'hui) sont tout de suite des sages ; dès l'abord ils savent tout ; ils n'ont de respect pour personne, ils n'imitent personne, ils sont à eux-mêmes leurs propres modèles. »

Pline le Jeune, *Lettres*, VIII. 23.

« Quant aux lettres, à présent en décadence, Titinius Capito en est le restaurateur et le réformateur. »

Pline le Jeune, *Lettres*, VIII. 12.

« En effet, nous savons que la terrible catastrophe suspendue au-dessus de nos têtes et la fin des temps elle-même, qui nous menace d'horribles malheurs, n'est freinée que par le répit accordé à l'empire romain. »

Tertullien, *Apologeticum*, XXXII. 1.

« Est-ce ma faute si nous n'en sommes plus à l'âge d'or ? Il m'aurait mieux valu naître alors que la Nature était plus clémente. Ô sort cruel qui m'a fait venir trop tard, fils d'une race deshéritée ! »

Valerius Caton, *Imprécations*, v. 178-182. *Poetae minores.*

« Mais souvent les incrédules sont convaincus de la grandeur des corps en voyant des tombeaux mis à nu par la vétusté, par la force des eaux et autres accidents, d'où roulent des ossements de taille gigantesque. Moi-même j'ai vu, et plusieurs autres avec moi, sur le rivage d'Utique, une dent molaire humaine si énorme que divisée en petits morceaux de la taille de nos propres dents, elle aurait pu, à mon avis, en faire cent. C'était, d'après ce que je crois, la dent de quelque géant. En effet, outre le fait que les corps d'alors étaient beaucoup plus grands que les nôtres, les géants étaient encore bien supérieurs à tous les autres. »

Saint Augustin, *La Cité de Dieu*, XV.

« Il en était autrement jadis ; or, tout va en empirant. »

Guillaume de Lorris, *Le Roman de la Rose.*

« Vassal, lui disent les géants, vous êtes fou de vouloir vous battre contre nous. Quatre comme vous n'auraient pas plus de chance de gagner contre nous qu'un agneau n'en a contre deux loups. – Arrive que pourra, répond Erec… En garde, je vous attaque ! »

Chrétien de Troyes, *Erec et Enide*, v. 4430-4439.

« On a trouvé certains ossements des Innocents, qui sont trop grands pour appartenir à des enfants de deux ans. Mais on peut objecter que les gens de cette époque étaient d'une taille plus élevée que maintenant. »

Jacques de Voragine, *La Légende dorée*, X.

« Aujourd'hui, celui qui parle ou agit de la façon la plus abominable est le mieux reçu, le plus considéré et le plus gratifié de fortes récompenses par ces seigneurs sordides et sans usages : là est la honte et l'opprobre de notre temps, mais aussi la preuve manifeste que les vertus enfuies d'ici-bas ont abandonné les misérables vivants dans la fange des vices. »

Boccace, *Décaméron*, 1ère journée, 8.

« Ainsi le bon temps regrettons
Entre nous, pauvres vieilles sottes,
Assises bas à croupetons,
Tout en ung tas comme pelottes,
À petit feu en chenevottes,

Tost allumées, tost estainctes,
Et jadis fusmes si mignottes ! »

François Villon,
Les Regrets de la Belle Heaumière.

« La vieillesse chagrine incessamment amasse
Garde, non pas pour soi les trésors
qu'elle entasse,
Marche en tous ses desseins d'un pas
lent et glacé,
Toujours plaint le présent et vante le passé ;
Inhabile aux plaisirs dont la jeunesse abuse,
Blâme en eux les douceurs que l'âge lui refuse. »

Nicolas Boileau, *L'Art poétique*,
III, v. 383-388.

« Cependant, tout périssait peu à peu, ou plutôt à vue d'œil ; le royaume entièrement épuisé, les troupes point payées, et rebutées d'être toujours mal conduites, par conséquent toujours malheureuses ; les finances sans ressources ; nul dans la capacité des généraux ni

des ministres, aucun choix que par goût
et par intrigue ; rien de puni, rien d'examiné,
ni de pesé ; impuissance égale de soutenir
la guerre et de parvenir à la paix. »

Louis de Rouvroy, duc de Saint-Simon,
Mémoires, 1709.

« De là, et pendant plusieurs siècles,
l'histoire n'est qu'un chaos dégoûtant qui à
peine mérite d'être connu. Cette époque
ténébreuse ne fournit rien non plus ni en morale
ni en belles-lettres. C'est un désert qu'il faut
traverser pour arriver au règne de Charlemagne,
où notre histoire reprend quelque intérêt. »

Choderlos de Laclos,
De l'éducation des femmes.

« Le pays usé, qui n'entend plus rien,
a tout souffert. »

François René de Chateaubriand,
Mémoires d'outre-tombe, 1837.

« À cette époque, tout était dérangé
dans les esprits et dans les mœurs,
symptômes d'une révolution prochaine.
Les magistrats rougissaient de porter
la robe et tournaient en moquerie
la gravité de leurs pères…
Les présidentes, cessant d'être de vénérables
mères de famille, sortaient de leurs sombres
hôtels pour devenir femmes à brillantes
aventures. Le prêtre, en chaire, évitait
le nom de Jésus-Christ et ne parlait
que du *législateur des chrétiens* ;
les ministres tombaient les uns sur les autres ;
le pouvoir glissait de toutes les mains.
Le suprême bon ton était d'être Américain
à la ville, Anglais à la cour, Prussien
à l'armée, d'être tout, excepté Français.
Ce que l'on faisait, ce que l'on disait,
n'était qu'une suite d'inconséquences. »

François René de Chateaubriand,
Mémoires d'outre-tombe, 1821.

« Athènes est morte parce qu'Athènes voulait mourir. Les classes qui meurent meurent de leur propre abandon et les nations qui meurent meurent d'abord de leur cancer intérieur. »

André Malraux, 17 avril 1948,
cité par Claude Mauriac, *Le Temps immobile.*

« Il en sera ainsi de l'homme : il continuera ses prouesses, mais ses ressources spirituelles seront taries, de même que sa fraîcheur d'inspiration. La soif de puissance et de domination a trop pris sur son âme : lorsqu'il sera maître de tout, il ne le sera plus de sa fin. »

Cioran, *Précis de décomposition.*

« Qui n'a vu un bordel à cinq heures du matin ne peut se figurer vers quelles lassitudes s'achemine notre planète. »

Emil Michel Cioran,
Syllogismes de l'amertume.

XIII

LA CONDITION HUMAINE

Pourquoi les religions ont-elles été chercher le diable, les enfers, etc. alors que les hommes sont si bien équipés pour s'infliger entre eux toute la gamme des supplices ? Et mieux encore : chacun l'est pour s'y vouer lui-même. « L'enfer, c'est les autres », disait Sartre. Pas si sûr ! Vous passeriez l'éternité en tête à tête avec vous ?

« Rien n'est plus misérable que l'homme, entre tous les êtres qui marchent sur la terre. »

Homère, *Iliade*, XVII, v. 448.

« Ne pas naître vaut mieux que tout, ou du moins retourner vite d'où on est venu. »

Sophocle, *Oedipe à Colone*, v. 1225-1228.

« La prospérité des hommes n'est
jamais stable. »

Hérodote, *L'Enquête*.

« La pire douleur qui soit au monde, c'est bien
d'y voir clair et d'être sans pouvoir. »

Hérodote, *L'Enquête*, IX.

« Ô misérable esprit des hommes,
ô cœurs aveugles ! Dans quels ténèbres
et dans quels dangers s'écoule ce peu d'instants
qu'est la vie ! »

Lucrèce, *De la nature*, II, 14-16.

« C'est ainsi que chacun cherche à se fuir
soi-même. »

Lucrèce, *De la Nature*, III. 1068.

« Quel cruel désir d'une si misérable lumière ! »

Virgile, *Enéide*, VI. 721.

« Il faut nous enfuir vers là-haut… »

Plotin, *Ennéades*, III. 4. 2.

« Celui qui me délivrera de cette existence m'arrachera aux pires tourments. Je ne sais quelles peines me sont réservées après la mort, mais je sais bien à quoi j'échapperai en mourant. »

Abélard, Lettre à Héloïse.

« Ô heureux morts, esprits déjà élus ! »

Dante, *La divine comédie*, Le Paradis, III.

« Qu'est-ce là, maître, qu'à présent j'entends ?
Qui sont ces gens atteints à ce point de souffrance ?
Et lui me dit : Ce misérable état, c'est celui des âmes douloureuses de ceux qui ont vécu sans blâme ni louange. Elles se mêlent parmi ce méchant chœur des anges ni rebelles

ni fidèles. À Dieu ils ne furent,
mais furent pour eux-mêmes.
Les Cieux, pour rester beaux, les ont chassés,
Et le profond Enfer ne les reçoit… »

Dante, *La Divine comédie*, L'Enfer, III.

« Ah, Dieu ! Que malheureux nous sommes !
Ah Dieu ! Que de maux en un temps
Offensent la race des hommes
Semblable aux feuilles du printemps
Qui vertes dessus l'arbre croissent,
Puis elles l'Automne suivant,
Sèches à terre n'apparoissent
Qu'un jouët remoqué du vent ! »

Pierre de Ronsard, À sa maîtresse. II. 12.

« Être ou ne pas être : telle est la question.
Y a-t-il pour l'âme plus de noblesse à endurer
les coups et les revers d'une injurieuse fortune,

ou à s'armer contre elle pour mettre frein
à une marée de douleurs ?
Mourir, dormir : c'est tout. »

William Shakespeare, *Hamlet*, Acte III, sc. 1.

« Éteins-toi, éteins-toi, court flambeau !
La vie n'est qu'une ombre qui passe…
Une histoire contée par un idiot pleine de fureur
et de bruit et qui ne veut rien dire. »

William Shakespeare, *Macbeth*,
Acte V, sc. 5.

« Qu'est-ce que la vie ?
Une illusion, une ombre, une fiction,
Et le plus grand bien est peu de chose,
Car toute la vie est un songe
Et les songes sont des songes. »

Pedro Calderon,
La Vie est un songe, IIe journée.

« Qu'on s'imagine un nombre d'hommes
dans les chaînes, et tous condamnés à mort,
dont les uns étant chaque jour égorgés
à la vue des autres, ceux qui restent voient
leur propre condition dans celle de leurs
semblables, et, se regardant les uns
et les autres avec douleur et sans espérance,
attendent leur tour.
C'est l'image de la condition
des hommes. »

Blaise Pascal, *Pensées*, 199.

« Ô ! vous qui prétendez
à des destins brillants,
Craignez, craignez, surtout,
de vivre trop longtemps :
En vain sur votre tête un beau jour
semble luire,
Succès, gloire, bonheur, le temps peut
tout détruire. »

Choderlos Laclos, *Épître à la mort*.

« Après le malheur de naître, je n'en connais pas de plus grand que celui de donner le jour à un homme. »

François René de Chateaubriand,
Mémoires d'outre-tombe.

« Et qu'est-ce que la vie ?
Un réveil d'un moment,
De naître et de mourir un court étonnement. »

Alphonse de Lamartine,
Harmonies poétiques et religieuses.

« Ô Seigneur ! Ouvrez-moi les portes de la nuit,
Afin que je m'en aille et que je disparaisse ! »

Victor Hugo, *Les Contemplations.*

« Je ne comprends pas qu'on ne soit pas désespéré. »

François Mauriac, *La Fin de la nuit.*

« Vous, les suicidés, apprenez-moi comment
il faut faire pour acquérir le dégoût
de l'existence. »

Eugène Ionesco, *Le Roi se meurt.*

« Pourquoi conquérir la lune, si c'est pour
s'y suicider ? »

André Malraux, *Les Chênes qu'on abat.*

« Nous croyons vivre, et nous ne faisons
que survivre. Nous survivons aux fleurs,
aux animaux domestiques, à nos parents.
Nous survivons à nous-mêmes puisque
des parties de notre corps nous abandonnent
en cours de route, et plus tard nos projets
et nos souvenirs. Et nous appelons
encore cela : vivre. »

Jean Grenier, *Sur la mort d'un chien.*

« Un paradis peut-il être autre chose
que perdu ? «

Vladimir Jankélévitch, *La Mort.*

« Quel péché as-tu commis pour naître,
quel crime pour exister ? Ta douleur comme
ton destin est sans motif. »

Emil Michel Cioran,
Précis de décomposition.

« Mortels, mes fils, vous qui n'apparaissez
que pour disparaître…
Vous, les condamnés dès votre premier cri… »

Maurice Druon, *Les Mémoires de Zeus.*

XIV

SAURONS-NOUS JAMAIS LE FIN MOT ?

J'aurai passé ma vie à le chercher, ce sacré fin mot. J'en avais fait mon métier, regardant penser les autres au long des siècles. Des mots, des mots, des mots et toujours pas de fin mot. Peut-être qu'un jour... Alors, disait Jankélévitch, « ce sera une chose simple, extraordinairement simple... Si simple que nous nous demanderons, le jour où nous saurons, comment nous n'y avons pensé plus tôt. »

« Je suis désemparé, mon cœur
s'effraie d'agir et de ne pas agir
et de saisir mon destin. »

Eschyle, *Les Suppliantes*, v. 379-380.

« Nous ne sommes rien ; le ciel d'airain demeure
toujours comme une base inébranlable… Nous
ne vivons qu'un jour, ignorant vers quel but
le destin écrivit que nous devions courir. »

Pindare, *Némésis*, 5.1-8.

« Tout ce qui vient des dieux progresse dans la
nuit. Vers quel but ? On l'ignore. Le destin nous
attire à des fins inconnues. »

Euripide, *Iphigénie en Tauride*, v. 478-479.

« La vie des hommes est toute souffrance, leur
peine jamais n'a de trêve. Ce qu'il y aurait
d'autre, de meilleur que la vie, la ténèbre le vêt,
des nuages le cachent. Comme des fous
nous désirons tout ce qui brille sur la terre,
faute de rien savoir d'une existence différente,
faute de révélation sur le monde infernal,
jouet que nous sommes de vaines fables. »

Euripide, *Hippolyte*, 1er épisode, v. 190-197.

« C'est grâce aux paroles que tout le monde
se sent des ailes. »

Aristophane, *Les Oiseaux*, v. 1434-1436.

« Livré au doute par l'ignorance des causes,
l'esprit se demande s'il y a eu vraiment
un commencement, une naissance du monde. »

Lucrèce, *De la Nature*, V, 1211-1213.

« Que l'homme se réjouisse ou s'afflige, qu'il
désire ou qu'il craigne, qu'importe si tout
ce qu'il voit au delà ou en deça de son attente
le laisse plongé, les yeux fixes, dans une stupeur
de l'âme et du corps ? »

Horace, *Épîtres*, I. 6, v. 12-14.

« Le destin n'est autre chose que l'enchaînement
et l'enchevêtrement des causes. »

Sénèque, *Des bienfaits*, IV. 7.2.

« Il est plus facile de se mettre d'accord entre philosophes qu'entre horloges. »

Sénèque, *Apocoloquintose*, II. 2.

« Rien n'est plus pénible que de tourner toujours en rond, de rechercher, comme on dit, "ce qu'il y a sous la terre", de chercher à deviner ce qui se passe dans l'âme du voisin, et de ne pas comprendre qu'il nous suffit d'être proche de notre seule divinité intime, et de lui vouer le culte qui convient. »

Marc Aurèle, *Pensées*, II. 13.

« Tous ces gens qui prétendent philosopher et qui ne fabriquent que des ombres ou de vaines phrases. »

Aulu-Gelle (citant Caton), *Nuits attiques*, XIII. 24.

« Selon Favorinus, la vie est trop brève, trop courte, pour que l'homme, quel que soit son génie, puisse pénétrer, connaître son plan ; il peut tout au plus émettre quelques conjectures, en gros, qui ne reposent sur aucune certitude solide, conjectures éparses, changeantes, douteuses, comme la perception d'objets lointains par un œil qu'on a maintenu dans le noir durant de longs moments. »

Aulu-Gelle, *Nuits attiques*, XIV. 1.

« On peut usurper l'habit du philosophe… »

Plotin, *Ennéades*, III. 7.6.

« Il pourrait bien y avoir, au milieu des livres de philosophie, des grammairiens déclarés qui ne font que combiner ou dissocier des syllabes, sans accoucher jamais de rien qui leur soit personnel : ce qu'ils pourraient même mettre au monde ne serait, à cause de leur témérité, qu'obscurité et vanité. »

Synésios de Cyrène, *Dion*, XIII. 1.

« Ô nature, mère à la fois compatissante
et barbare, comment as-tu le pouvoir,
avec des volontés si contraires,
de créer et de détruire de si charmantes
choses ? »

Pétrarque, *Canzoniere*, CCXXXI.

« Laissons à part cette infinie confusion
d'opinions qui se void entre les philosophes
mesmes, et ce débat permanent et universel
en la connaissance des choses… »

Michel de Montaigne,
Essais, II. 12.

« La vérité ne fait pas tant de bien
dans le monde que ses apparences
y font de mal. »

François de La Rochefoucauld,
Maximes, LXIV.

« Pour bien savoir les choses, il en faut savoir le détail, et comme il est presque infini, nos connaissances sont toujours superficielles et imparfaites. »

François de La Rochefoucauld, *Maximes*, CVI.

« Ces grands efforts de l'esprit, où l'âme touche quelquefois, sont choses où elle ne se tient pas ; elle y saute seulement, non comme sur le trône, pour toujours, mais pour un moment seulement. »

Blaise Pascal, *Pensées*, 351.

« Je reconnais avec vous la faiblesse humaine. Mais qu'il me soit permis de vous demander à mon tour si nous, chétifs humains, avons une telle connaissance de la nature que nous puissions déterminer jusqu'où s'étend son pouvoir et sa force, et dire ce qui dépasse ce pouvoir : personne ne saurait en présumer sans arrogance… Pour ce qu'on ne peut expliquer ou dont on ne peut démontrer l'absurdité, le mieux est de suspendre son jugement. »

Baruch Spinoza, Lettre à Henri Oldenburg.

« Chacun suit dans le monde une route incertaine,
Selon que son erreur le joue et le promène ;
Et tel fait l'habile et nous traite de fous,
Qui sous le nom de sage est le plus fou de tous. »

Nicolas Boileau, *Satires*, IV. 45-48.

« Lorsqu'une pensée s'offre à nous comme une profonde découverte, et que nous prenons la peine de la développer, nous trouvons souvent que c'est une vérité qui court les rues. »

Vauvenargues, *Réflexions et Maximes*, IX.

« Je suis trop vieux pour n'avoir pas appris le doute. »

Charles Maurice de Talleyrand,
Lettre à Casimir Périer, 28 mars 1831.

« Cependant, qu'avais-je appris jusqu'alors avec tant de fatigue ? Rien de certain parmi les anciens, rien de beau parmi les modernes. Le passé et le présent sont deux statues incomplètes ; l'une a été retirée toute mutilée du débris des âges ; l'autre n'a pas encore reçu sa perfection de l'avenir. »

François René de Chateaubriand, *René*.

« Tout mensonge répété devient une vérité. »

François René de Chateaubriand,
Mémoires d'outre-tombe.

« Ne vous tourmentez pas. À vouloir tout approfondir, on court sur une pente dangereuse. »

Gustave Flaubert, *Bouvard et Pécuchet.*

« Là est le vice initial des systèmes philosophiques. Ils croient nous renseigner sur l'absolu en lui donnant un nom. »

Henri Bergson, *La Pensée et le mouvant.*

« Le gobe-mouches avale tout, fruits, textes et commentaires. Il rend tout cela en idées, si l'on peut ainsi dire ; et comme je puis savoir, en ouvrant l'estomac d'un oiseau, quelles choses comestibles il a rencontrées, ainsi le discours du gobe-mouches montre des débris encore discernables des vérités qu'il a rencontrées en son vol de gobe-mouches, bec ouvert, sans choix. Je dis vérités, car tout est vrai, oui, même l'écrit d'un fou, car il est vrai qu'il l'a écrit ; et les sottises elles-mêmes forment une part de l'opinion, qui est considérable. »

Alain, *Propos*.

« Soixante-deux mille quatre-cents répétitions font une vérité. »

Aldous Huxley, *Le Meilleur des mondes*.

« L'immortalité n'est raisonnable que de loin, quand on pense à l'absurdité de l'anéantissement ; et le fait de l'anéantissement n'est incontestable que de loin, quand on pense à l'impossibilité de la survie… Aussi n'est-il pas exagéré de dire que l'inintelligibilité du néant est notre plus grande chance, notre mystérieuse chance. »

Vladimir Jankélévitch, *La Mort*.

« L'idéologie, c'est ce qui pense à votre place. »

Jean-François Revel, *La Grande parade*.

« L'histoire n'est qu'un défilé de faux absolus, une succession de temples élevés à des prétextes, un avilissement de l'esprit devant l'Improbable. »

Emil Michel Cioran,
Précis de décomposition.

« En quelque siècle qu'ils vivent, il est impossible aux hommes de porter leurs regards au-delà des décors changeants qui sont l'horizon de leur existence et d'apercevoir enfin le fond nu des coulisses, et pour cause : il n'y a pas de fond. »

Paul Veyne, *Sénèque*, p. 215.

« Les idées générales ne sont ni vraies, ni fausses, ni justes, ni injustes, mais creuses. »

Paul Veyne, *Le Quotidien et l'intéressant.*

XV

D'OÙ IL RESSORT QU'IL FAUT BIEN « FAIRE AVEC »

La chasse à l'idéal est, certes, ouverte, et il peut être bon de s'y distraire, même si l'on en revient souvent bredouille. On en rapporte parfois une petite joie inattendue : on capture un moment de bonheur échappé à l'angoisse. À ceux qui me diront que c'est là petit gibier, je souhaiterai bonne chance. Sait-on jamais ?

« J'ai ôté aux mortels
de prévoir leur trépas. »

Eschyle, *Prométhée enchaîné*, v. 248.

« Ô malheureux mortels, pourquoi accumuler
des armes et vous entretuer ? Cessez donc
vos efforts, restez en paix, et laissez-y les autres.

Le temps est si court pour jouir de la vie.
Donnons-le au plaisir au lieu de le perdre
en travaux. »

Euripide, *Les Suppliantes*, v. 950-954.

« Il ne faut rien reprocher à la vieillesse, puisque
nous espérons tous l'atteindre un jour. »

Bion de Borysthène, *in* L. Paquet,
Les Cyniques grecs.

« Sèche tes larmes, faiseur de manières,
et fais taire toutes ces plaintes. »

Lucrèce, *De la Nature*, IV, 955.

« Il n'est pas sage, crois-moi, de dire “je vivrai” ;
Il est trop tard de vivre demain :
vis aujourd'hui. »

Martial, *Épigrammes*, I. 15.

« Chacun se fuit depuis toujours, mais à quoi bon, si on ne s'évite pas ? »

Sénèque, *De la tranquillité de l'âme*, II. 14.

« Il faut toujours prendre les choses à la légère, les supporter avec bonne humeur ; il est plus humain de rire de la vie que d'en pleurer. »

Sénèque, *Id,* XV. 2.

« La plus puissante consolation est de se dire qu'il ne nous arrive que ce qu'ont subi avant nous, que ce que subiront après nous, toutes les créatures, et j'estime que, si la nature a fait de sa plus rude loi une loi commune, c'est afin d'en adoucir la rigueur par cette universelle égalité. »

Sénèque, *Consolation à Polybe*, I. 4.

« Quelle nécessité, à vrai dire, d'appeler le mal, d'anticiper ses effets, qui se feront sentir toujours assez tôt, et de ruiner le présent par la crainte du futur ? Assurément, c'est fou, sous prétexte qu'on sera malheureux un jour, d'aller se rendre malheureux dès maintenant. »

Sénèque, *Lettres à Lucilius*, III. 24.

« Mais si la faiblesse de l'insulté ménage un accès à l'insulteur, alors il réussit. »

Épictète, *Entretiens*, I. 25.

« Je suis un admirateur des anciens, mais sans pour autant imiter les gens qui méprisent les talents de notre époque. Il est faux, en effet, que la nature, comme si elle était lasse et épuisée, n'enfante plus rien d'admirable. »

Pline le Jeune, *Lettres*, VI. 21.

« Flanque dehors l'opinion, et tu es sauvé ! Qu'est-ce qui t'en empêche ? »

Marc Aurèle, *Pensées*, IV. 26.

« Si la richesse et la pauvreté, et toutes les inégalités analogues sont des sujets de plainte, c'est d'abord qu'on ignore que le sage ne cherche point l'égalité en ces matières ; pour lui, les gens opulents ou puissants n'ont aucune supériorité sur les particuliers ; il laisse les autres libres de prendre au sérieux ces avantages. Il comprend qu'il y a deux genres de vie, celle des sages et celle du vulgaire. »

Plotin, *Ennéades*, II. 9.9.

« À mépriser l'être et la vie, on témoigne contre soi-même et contre ses propres sentiments ; et si l'on se dégoûte de la vie mêlée de mort, c'est ce mélange qui est odieux, et pas la vraie vie. »

Plotin, *Ennéades*, VI. 7.29.

« Est-ce possible qu'on se rende malheureux par peur de l'être ? »

Rutilius Namatianus, *Sur son retour*, v. 444.

« Aussi, comme je suis épouvanté d'amasser
sans cesse ce qu'une heure finit à dissiper,
je voudrais embrasser ce qui seul est vrai
et laisser là les ombres. »

Pétrarque, *Canzoniere*, CCLXIV.

« Je connais maintenant que mon impitoyable
fortune veut qu'en vivant et en pleurant
j'apprenne comment il n'est rien ici-bas
de satisfaisant et de durable. »

Pétrarque, *Canzoniere*, CCCXI.

« Tu peux sembler doux, fidèle, humain,
religieux, loyal, et l'être, même ; mais il faut
retenir ton âme en tel accord avec ton esprit,
qu'au besoin tu saches changer en sens
contraire. »

Nicolas Machiavel, *Le Prince*.

« Vivez, si m'en croyez, n'attendez à demain ;
Cueillez dès aujourd'hui les roses de la vie. »

Pierre de Ronsard, *Sonnets pour Hélène*, XLIII. A. Gide.

« On n'est jamais si heureux ni si malheureux qu'on s'imagine. »

François de La Rochefoucauld, *Maximes*, XLIX.

« Avant qu'à nos erreurs le ciel nous abandonne,
Profitons de l'instant que de grâce il nous donne.
Hâtons-nous ; le temps fuit,
et nous traîne avec soi,
Le moment où je parle est déjà loin de moi. »

Nicolas Boileau, *Épîtres*, III, v. 45-48.

« Qui vit content de rien possède toute chose. »

Nicolas Boileau, *Épîtres*, V, v. 58.

« Et surtout, redoutant la basse servitude,
La libre vérité fut mon unique étude. »

Nicolas Boileau, *Épîtres*, V, v. 121-122.

« On se souvenait du grand mot de M. de Turenne, qu'il fallait avoir été battu pour devenir bien, et avoir fait des fautes pour se mieux instruire. »

Louis de Rouvroy, duc de Saint-Simon, *Mémoires*, 1706.

« J'ai réfléchi souvent sur l'extrême malheur de se laisser entraîner à l'ivresse du monde, et au formidable état d'un ambitieux que ni les richesses, ni le domestique le plus agréable, ni la dignité acquise, ni l'âge, ni l'impuissance corporelle n'en peuvent déprendre, et qui, au lieu de jouir tranquillement de ce qu'il possède et d'en sentir le bonheur, s'épuise en regrets et en amertumes inutiles et continuelles. »

Louis de Rouvroy, duc de Saint-Simon, *Mémoires*, 1723.

« Le roi oublie trop souvent dans son indulgente bonté mon grand âge : il oublie qu'il n'est pas permis à un octogénaire de manquer de prudence, car ce qui rend les fautes de la vieillesse si tristes, c'est qu'elles sont irréparables. »

Charles Maurice de Talleyrand,
Lettre à Louis-Philippe, 23 novembre 1834.

« Cependant, je sens que j'aime la monotonie des sentiments de la vie, et si j'avais encore la folie de croire au bonheur, je le chercherais dans l'habitude. »

François René de Chateaubriand, *René*.

« Vieil homme, recru d'épreuves, détaché des entreprises, sentant venir le froid éternel, mais jamais las de guetter dans l'ombre la lueur de l'espérance. »

Charles de Gaulle, *Mémoires de guerre*.

« Si étrange que ce puisse paraître, le monde
après nous continuera à tourner. Sans vous.
Sans moi. Avec des hauts et des bas.
Mais il continuera. Il ne suffira pas à rendre nos
successeurs tellement plus heureux que nous
ne l'avons été nous-mêmes au milieu de nos
drames. Vous le savez déjà : le Paradis
retrouvé n'est pas encore pour demain.
L'Apocalypse non plus. »

Jean d'Ormesson, *C'était bien.*

ET PUISQUE TOUT A UNE FIN

Ainsi s'achève cette enquête, délibérément sommaire, sur ce qui se dit au jour le jour de la vie humaine depuis près de trois millénaires. Un tour d'horizon furtif : je n'ai jamais prétendu être exhaustif. Certains peuvent penser : « Il aurait dû… ; il aurait quand même pu citer Untel… », et dévideront des listes d'autres noms. J'en suis bien d'accord, mais pour des raisons de format, j'ai dû m'en tenir à quelques textes plus particulièrement significatifs retenus entre bien d'autres. Ainsi, à propos de la décadence supposée millénaire de l'humanité, à propos de l'époque révolue des géants, sur les épaules desquelles les gens du Moyen Âge voyaient hissés les nains que nous serions devenus, etc., j'aurais certes pu citer Pierre de Blois, Bernard de Chartres, Jean de Salisbury, qui encore ? – Mais du coup, on allait carrément vers l'encyclopédie, car il en irait de même pour toutes les rubriques. D'autres encore penseront : « Il n'a cité que les auteurs qu'il aime… » – En fait, j'ai cité ce qui me paraissait le mieux convenir au sujet. Que j'en aime l'auteur ou que je ne le puisse voir, fût-ce en peinture, là n'est pas la question. En histoire de la pensée, il sied mieux d'être objectif plutôt qu'affectif ; d'être libre plutôt qu'inféodé à ses propres goûts ou, comme disait Jankélévitch, à ce qui se portera cet hiver. Pour faire bonne mesure, je pourrais même me livrer à l'autocritique, me reprocher de généraliser. Car, enfin, on peut imaginer tous les cas de figure. Untel peut dire grand mal de la politique et grand bien de l'amour ! – Certes, mais qui me dit que ce monsieur ne va pas tomber amoureux et que souffrant le martyre parce que les choses ont mal tourné, n'en viendra pas à penser et à proclamer que l'amour, décidément, est pire encore que la politique ? Ce que nous avons dû constater tout au long de cette enquête, c'est l'universalité potentielle du jugement pessimiste. Quant au détail de son actualisation, partielle ou globale, c'est bien sûr l'affaire de chacun.

On me dira aussi, et là tout à fait à propos, qu'on pourrait aussi bien élaborer le même catalogue, mais de sentences optimistes. Tout y serait regardé, comme on dit, « du bon côté » ; tout serait bon et beau. Tout, je dis bien tout, irait à ravir. – Mais alors, vais-je dire, qu'attendez-vous pour vous y mettre ? Je lirais cela avec bonheur. Avec curiosité, surtout, car enfin, compte tenu de ce qu'on appelle depuis toujours « la nature des choses », un tel projet entrerait fatalement, à mon sens, dans l'esprit de cette chanson du siècle dernier, qui a fait fureur. Elle rapportait le dialogue téléphonique entre une châtelaine âgée en déplacement et sa domesticité :

« *Tout va très bien, Madame la marquise…* » répète l'intendant. Mais voilà, c'est que pour inoxydable que soit l'optimisme de ce James, vient un moment où il lui faut bien reconnaître que…

« *On déplore un tout petit rien.*
Un incident, une bêtise… »

En fait, un enchaînement de désastres, dévoilés un par un sur un ton tout à fait rassurant. « *Un tout petit rien* », donc, et tout bascule.

L'optimisme seul reste en place. Cela peut toujours servir.

Chacun aura compris qu'aucune des deux positions extrêmes n'incarne le vrai. Le pessimisme absolu, sincère un peu, beaucoup, passionnément..., le pessimisme à la Cioran, plus d'une fois cité, est tout juste une pose. « Imaginez, disait Jean-François Revel, l'humeur d'un Pascal venant d'apprendre qu'il a perdu son pari et vous aurez Cioran [1]. » Mais l'optimisme fervent, où tout s'arrange parce que finalement, tout s'explique, naturellement, surnaturellement, ou les deux à la fois, est tout autant une pose. Car sauf à être innocent, ou alors de mauvaise foi, le collectionneur éventuel de maximes béates à propos de tout et du reste devrait fatalement compter avec le « *tout petit rien* » de la chanson, qui vous tombe dessus comme sur l'infortunée marquise. Et il lui faudrait, lui aussi, tout comme on s'y résigne ici, finir sur un « Il faut faire avec ». Et avec le sourire.

À considérer les quelques témoignages dont

1. J.-F. Revel, *La Fin du siècle des ombres.*

il est fait état ici, force nous est de constater qu'on a dit du mal de tout depuis toujours. Rien n'aura jamais échappé à la déploration et au ressentiment. Et sans doute depuis la nuit des temps, bien avant qu'on eût trouvé les mots pour le dire… et pour aggraver les choses, peut-être, du fait de les diffuser par la parole, par l'écrit. Rien, donc, n'aurait jamais bien été ; tout aurait même été de mal en pis. Au point qu'on s'étonne, pour peu qu'on s'y arrête, que tout cela ait pu durer aussi longtemps, semblant même en voie de poursuivre sa descente aux enfers. À se demander, comme dans *Les Paravents* de Genet, s'il y a bien lieu « de faire tant d'histoires ».

En fait, ce qu'expriment ici tant d'auteurs disparates, poètes, romanciers, philosophes, etc., de tant d'époques à propos de tant de choses et sur tous les tons – le désenchantement, la colère, l'amertume, la nostalgie et souvent la résignation –, tout cela revient à une seule considération : le mal ne s'élude pas. Et pourtant, en aura-t-on imaginé, au cours des siècles, des solutions au « problème du mal », garanties rationnelles à cent pour cent ! En aura-t-on prêché, des exhortations à s'incliner devant « le mystère de la souffrance », d'où devrait sortir tant de bien ! Autant de recherches d'un sens, et qu'il faut respecter comme telles. Mais aussi, que d'expédients inventés pour justifier le malheur à tout instant présent sous les yeux et enduré dans les cœurs ! Jusqu'au diable, si commode pour se défausser sur un méchant par essence de tout le mal qu'on introduit sans beaucoup de scrupules dans un monde qui n'en contient déjà que trop. Le diable… Jankélévitch l'aura plus efficacement exorcisé que les techniciens patentés : « Satan, c'est la diabolique facilité à laquelle il est si difficile de résister, si tentant de succomber, et qui s'incarne chez les théologiens pour excuser les défaites de la volonté, dans la personne imaginaire et bienvenue d'un tentateur[1]… » Le diable que remplace si bien aujourd'hui auprès des belles âmes « la pulsion », censée innocenter l'infortuné violeur, le pauvre assassin.

Pourtant, aucun de ces artifices, encore une fois, n'élude le mal, pas plus qu'il n'en allège la

1. Vladimir Jankélévitch, *Traité des vertus*.

présence dans la vie de tout homme en ce monde, fût-ce comme simple menace. Car une menace n'est jamais simple ; elle est déjà le premier état du mal vécu. Que la maladie, que la mort vienne à menacer un être aimé – qui peut-être, par chance, nous survivra –, et c'est déjà le deuil vécu, tapi désormais en quelque coin de l'âme.

Il est bien sûr que nul, en ce monde, et même le plus béat des optimistes, ne s'est jamais senti à l'aise à plein temps. Au reste, comment le pourrait-il, sachant ce qu'il ne peut pas ne pas savoir ? Le souvenir me revient de cette vieille dame romaine, du temps de Pompée, dont parle Valère Maxime. Si paisible avait-elle vécu ses quatre-vingt-dix années d'existence qu'elle ne pouvait plus guère espérer mieux de ce qui lui restait d'avenir. Aussi avait-elle décidé d'en finir, et c'est d'une main ferme, dit le texte, qu'elle saisit la coupe contenant la mixture adéquate[1]. Sans aller, bien sûr, jusqu'à adopter cette conduite – qui, selon les Romains, a dû valoir à la vieille dame de sérieux ennuis dans les

1. Valère Maxime, *Actions et paroles mémorables*.

Enfers –, il faut bien admettre que nul n'aura jamais connu la félicité permanente, sans regret ni angoisse. Cela se saurait. Que le malheur se manifeste à un être humain, que ce soit au temps de l'éruption du Vésuve qu'évoque la correspondance de Pline le Jeune, ou au temps de la grande peste qui ravagea l'Europe au XIVe siècle, et dont le *Décameron* de Boccace se fait l'écho, que ce soit aux temps si proches des camps nazis ou que ce soit tout simplement ce matin en croisant cet enfant livide dans le couloir de certain service hospitalier, comment cet homme-là, vous, moi, retiendrait-il ce cri qui est vraiment le cri de son âme, maudissant la malédiction d'exister ? Du moins ce jour-là, à cette heure. Car on attend toujours – ou presque – un mieux pour demain, pour après-demain, pour la semaine des quatre jeudis. Puis tout soudain des rires d'enfants dans un jardin public, le parfum des glycines dans la nuit, le regard d'un chien, trois fois rien et quelque chose change, du moins l'espace d'un instant.

Le monde n'a jamais été, jamais ne sera, que ce qu'il est. Nul jamais ne cessera, le temps de sa vie, d'y guetter le bon et d'y redouter le pire et – qui sait ? – peut-être même de vouloir le rendre meilleur. Du moins pour un moment. Rien de ce qui rejoint les hommes dans cette misère dont parlait Pascal n'est inutile. Rien non plus n'est superflu de ce qui les accompagne dans un instant de joie. À chacun d'y pourvoir, car nul n'est dispensé d'être soi, et rien n'y aide autant que l'espérance.

Mais le temps est venu pour nous de suivre Dante, que guida si bien Virgile dans les méandres de l'après-vie. Le temps est venu de quitter les Enfers. « Et de là nous sortîmes à revoir les étoiles [1]. »

1. Dante, *La Divine comédie,* L'Enfer, chant XXXIV.

INDEX DES AUTEURS

Dépôt légal : mai 2007
ISBN : 978-2-84734-416-5
N° d'édition : 3 177
Imprimé en France
par Corlet Imprimeur
N° d'impression : 104967